스윗소로우

어쩌다 옥바라지

스윗소로우
어쩌다 옥바라지

초판 1쇄 발행 2022년 5월 1일

지은이 스윗소로우, 오크나무
삽화 황단비
펴낸이 장길수
펴낸곳 지식과감성#
출판등록 제2012-000081호

교정 오현석
디자인 이은지
편집 이은지
검수 정은지, 이현
마케팅 고은빛, 정연우

주소 서울시 금천구 벚꽃로298 대륭포스트타워6차 1212호
전화 070-4651-3730~4
팩스 070-4325-7006
이메일 ksbookup@naver.com
홈페이지 www.knsbookup.com

ISBN 979-11-392-0425-4(03810)
값 15,000원

- 이 책의 판권은 지은이에게 있습니다.
- 이 책 내용의 전부 또는 일부를 재사용하려면 반드시 지은이의 서면 동의를 받아야 합니다.
- 잘못된 책은 구입하신 곳에서 바꾸어 드립니다.

지식과감성#
홈페이지 바로가기

스윗소로우

어쩌다 옥바라지

| 스윗소로우
오크나무 　지음 |

내 안의 상처만 보느라
다른 사람의 고통을 도리어
위안으로 삼는 오만한 인생이
되지 않기를 기도하며 글을 올립니다.

오크나무 숲에는 쉼이 있고 사랑이 있습니다.
이곳에서 누구나 잠시 쉬어갔으면 하는 바람입니다.

목차

프롤로그 - 오크나무 4년의 기적 · 6

    스윗소로우 님의 편지 ··· 8
    스윗소로우 님의 프롤로그 ·· 9

제1장 이별 · 13

    1. 이제는 번호로 불리는 나의 사랑에게 ···························· 14
    2. 마음이 진정되지 않는 벌건 대낮 ······································ 18
    3. 오크나무에 리본을 매는 여자 ·· 24
    4. 새어버린 물 한 모금 ·· 28
    5. 사이버 러버(Cyber lover) ·· 31
    6. 시차 부적응 - '벌써'와 '아직'의 경계에서 ······················ 33

오크나무 카페 이야기 - 안사람 · 38

제2장 그리움 · 41

    1. 외로이와 울적이에게 ·· 42
    2. 사람은 변하지 않는다. 하지만 사랑은 변한다 ············· 46
    3. 그저 그런 안부 ·· 53
    4. 어쩌다 옥바라지 ·· 56
    5. 〈접견 후기〉 하늘, 봄 그리고 바람 ···································· 62
    6. 평범한 사랑, 평범한 하루 ·· 66

오크나무 카페 이야기 - 순대와 떡볶이 · 73

제3장 익숙해짐 · 77

    1. [아무말 대잔치] 애애애애 ·· 78
    2. 마음속 유리 조각 ·· 80
    3. 짧은 다짐 ·· 84
    4. 익숙한 당신 ·· 88

오크나무 카페 이야기 - 남자친구가 수용자 번호표를 보내줬어요 · 94

제4장 감사와 회복 · 97

1. 오크 님들을 향한 늦은 고백 ···································· 98
2. 나는 겁쟁이다 ·· 105
3. 그런 날 ·· 110
4. 뒷모습 ·· 114

오크나무 카페 이야기 - 착한 사람도 범죄자가 될 수 있다 · 120

제5장 기적 같은 하루 · 123

1. 위로, 하지만 피로, 그래도 감사 ······························ 124
2. 격리 천국 고립 지옥 ·· 129
3. 시간은 해결사가 아니더라 ····································· 136
4. 기적 같은 하루 ··· 142
5. 바보짓의 연속 ·· 147

오크나무 카페 이야기 - 대니얼 고틀립의 『샘에게 보내는 편지』· 151

제6장 일상으로 돌아가다 · 155

1. 아름다운 이별: 마지막 인서, 마지막 접견 ················· 156
2. 기다리면 오는, 반드시 오는 날 ······························ 161
3. 그새 '벌써'가 익숙해진… '끝'이 있는 기다림 ············ 165
4. 소소한 일상이 사무쳤던 날들 ································· 172

에필로그 · 177
추천사 · 178

프롤로그
오크나무 4년의 기적

2017년 2월 처음으로 오크나무 카페의 문을 열었습니다. 상담사로 여러 사람을 만나다 보니 어디 제대로 하소연할 때도 없고, 아픈 마음 위로받을 데 없는 사람들에게 익명에 기대어서라도 잠시 숨을 쉴 수 있는 공간이 있으면 좋겠다는 생각을 했습니다. 그래서 온라인에 카페를 만들고 이름은 '오크나무'로 정했습니다. 오크나무라는 이름은 1973년 미국 팝 뮤직 그룹인 토니 올랜도 & 돈의 히트송 'Tie a Yellow Ribbon Round the Old Oak Tree'에서 가지고 왔습니다.

1973년 미국 플로리다주의 포트로더데일 해변으로 향하는 버스 안에 가석방으로 출소하는 한 남자가 타고 있었습니다. 모두가 휴가에 들떠 있는 버스 안에서 허름한 옷차림으로 긴장되고 슬픈 표정으로 앉아 있는 그 남자에게 호기심을 느낀 한 사람의 질문에서부터 노래의 'Yellow ribbon'의 이야기는 시작됩니다.

"4년을 교도소에서 보내다가 가석방이 결정되는 날 아내에게 편지를 썼소. 만일 나를 용서하고 받아들인다면 마을 어귀 오크나무에 노란 손수건을 걸어두라고, 손수건이 보이지 않으면 난 그냥 버스를 타고 어디론가 가버릴 거요."

사연을 알게 된 승객들은 그의 집이 있는 마을이 다가오자 하나둘 창가에 붙어 커다란 오크나무가 나타나기만 기다렸습니다. 남자의 얼굴은 지독한 긴장감으로 굳어갔고, 차 안에 물을 끼얹은 듯한 정적이 흘렀습니다.

"앗! 저길 봐요. 저기." 버스 운전사가 경적을 울리며 소리쳤습니다. 그때 승객들은 자리를 박차고 일어나 운전석 쪽으로 몰려들었습니다. 차창 밖 마을 어귀에 우뚝 서 있는 커다란 오크나무가 온통 수백 장의 노란 손수건의 물결로 뒤덮여 있었던 것입니다. 승객들은 서로 얼싸안고 기뻐하면서 함성을 질렀습니다. 나무 아래엔 하루도 그가 잊어본 적이 없는 그의 아내가 서 있었습니다.

오크나무 카페에서는 노란 손수건을 들고 남편을, 아내를, 아버지를 그리고 아들을 기다리는 사람들이 모여 이야기를 나눕니다. 모두 한 그루의 오크나무에 서서 기다림을 자리에 있다 보니 어느덧 카페는 오크나무 숲이 되어버렸고, 어떤 편견이나 자랑도 없는 따뜻한 숲이 되었습니다.

이 책은 오크나무 숲에 모여든 사람들(카페에서는 그 사람들을 '오크 님들'이라고 부릅니다)에 관한 이야기이며 오크 님들이 사랑과 아픔을 나누는 이야기입니다.

오크나무 카페지기

스윗소로우 님의 편지

오크나무 님,
아픈 마음으로 힘든 시간을 보내는 사람들을 위해
꾸준히 애써주시는 마음 늘 감사드립니다.

제가 겪었던 지난한 시간 속에
마음을 갈아내어 한 글자 한 글자 썼던 이 글들이
누군가의 마음에 가서 닿아
인생의 엄혹한 시간을 견뎌내는 데
조금이나마 힘이 될 수 있다고 생각해주셔서
감사합니다.

어떤 인생이든 한 꺼풀 들춰내면
다 아픈 상처들을 여미고 살아가고 있겠지요.

내 안의 상처만 보느라
다른 사람의 고통을 도리어 위안 삼는
오만한 인생이 되지 않기를 기도하며

부족한 글 보냅니다.

sweetsorrow 드림

스윗소로우 님의 프롤로그

저는 참으로 복이 많았던 사람입니다. 단란한 가정에 태어나 부모님의 사랑과 신뢰를 넉넉히 받으며 자랐고, 그 사랑 때문이었는지 크게 아프거나 방황해 본 적도 없이 어린 시절과 청소년기, 그리고 청년 시절을 보냈습니다. 깊은 속내를 털어놓을 수 있는 좋은 친구들과 오랜 우정을 나누면서 지냈고, 하고 싶은 것, 갖고 싶은 것, 그리고 배우고 싶은 것까지 무엇이든 잘 누리면서 모범생이라는 칭찬을 들으며 성장했습니다. 그 덕에 좋은 학교를 졸업할 수 있었고, 두 개의 외국어 특기를 살려 비교적 안정된 직업도 이루고 제 능력으로 작은 아파트도 마련해 스스로 대견함을 경험하기도 했습니다.

그리고 때가 되어 저를 정말 좋아한다는 선한 눈빛을 가진 사람을 만나 결혼을 하게 되었습니다. 그 사람 역시 소위 명문대를 졸업하고 안정된 직업을 가지고 있었습니다. 그렇게 평범하게 우리는 시작했고 모든 것에 감사하며 살았습니다.

행복 앞에 선 자의 교만 때문이었을까요? 남편의 어리석은 욕심이 우리의 행복을 통째로 갉아 먹는 순간에도 저는 아무것도 몰랐습니다. 그리고 그 행복했던 어느 날, 갑자기 제게 '수용자의 아내'라는 이름이 덧씌워졌습니다.

도저히 받아들이기 힘든 현실이었지만, 울고만 있을 수 없던 저는 난생처음 경험하는 것들을 배우고 알아야 했습니다. 그리고 남편을 위해 제가 할 수 있는 일들을 찾아 미친 듯이 헤맬 때 오크나무 카페를 만났습니다.

이 낯선 공간에서, 처음에는 그저 필요한 정보만 얻고 싶어 했습니다. 배울 만큼 배우고, 누릴 만큼 누리고 살아오다 한순간에 죄인이 되고, 죄인의 가족이 되어버려 이 카페를 이용할 수밖에 없는 처지인 자체로 충분히 고통스러웠습니다. 그동안 잘 가꿔온 내 삶이, 당당하고 빛나던 내 인생이 이렇게 한순간에 무너지고 수치심으로 얼룩지는 것 같았습니다. 남편이 수형자인 게 무슨 자랑이라고 거기에 내 닉네임을 달고 글을 쓴단 말인가!

그런데 조금씩 들여다보니, 그곳엔 저처럼 평범하게, 소소하게, 열심히 살면서 누군가를 사랑한 이유만으로 고통을 겪고 있는 사람들이 모여 있었습니다. 수많은 아픈 마음들을 마주했습니다. 그리고 아픔의 크기보다 훨씬 더 큰 따뜻한 손길들도 경험했습니다. 낯선 카페에서 비로소 저도 숨을 쉴 수가 있었습니다. 그리고 용기를 내어 제 마음을 드러냈습니다. 같이 울 수 있었고, 같이 아파할 수 있었습니다. 적어도 이곳에서만큼은 부끄러움에 괴로워하기보다는 그저 아프고, 힘들고, 그리운 마음을 털어놓을 수 있었습니다.

징역형을 받았다는 이유만으로 인권도, 사랑도 누릴 자격이 없다며 쉽게 돌팔매질하는 사람들 앞에 제대로 말 한마디 못하는 서러운 사람들도 실은 다 귀하게 태어나 성실하게 살아온 사람들이니까요. 저는 아직도 사회적 편견으로부터 완전히 자유롭지 못합니다. 제 주변엔 제가 겪은 일을 모르는 사람이 훨씬 더 많습니다. 내 사람이 지은 죄는 여전히 부끄럽고, 평생 부끄러워해야 마땅하다고 생각합니다. 법이 정한 죗값은 다 치렀지만, 그걸로 끝이 아님을 알고 있습니다.

좋은 가정에 태어나 좋은 사람을 만나고 결혼해서 행복을 누리면서 감사와 겸손, 배려를 행하려 노력해왔다고 생각했지만 많이 부족했던 모양입니다. 남편의 잘못과 그로 인해 겪었던 고통의 날들을 통해 저는 조금은 더 자란 것 같습니다. 많은 것을 잃었지만 또 많은 것을 얻었습니다.

남편은 이제 일상으로 돌아왔지만 저는 여전히 오크나무 카페에 들어와 삶의 이야기들을 읽어갑니다. 2년 전 제가 시작했던 그 긴 터널의 입구에서 헤매는 사람도 있고, 중간쯤 어디에서 주저앉아 우는 사람도 있습니다. 그 길을 다 지나온 지금, 저는 그분들께 '반드시 끝은 있다. 이 또한 지나간다'고 전하고 싶습니다. 제 남은 인생에 이보다 더한 고통이 또 찾아올 수도 있겠지요. 그렇지만 그 또한 지나가고, 저를 성장시키리라 믿기에 조금은 더 씩씩하게 맞이할 수 있지 않을까 감히 생각해봅니다. 지난 2년간의 제 삶이 책으로 출간되는 것을 허락하면서 저는 그 엄혹한 시간이 주고 간 성장과 배움이 저만의 것은 아닐 것이라 생각했습니다. 투박하고 비슷비슷한 내용임에도 언제나 마음을 다해 제 글 속에 들어와 아픔을 함께 나눠 주신 오크나무 가족 여러분께 감사드립니다. 덕분에 견딜 수 있었습니다. 덕분에 성장할 수 있었습니다. 뜻하지 않은 고통에 맞서 조금 더 강해진 우리, 더 단단하게, 더 감사하게 살아내리라 믿습니다.

sweetsorrow 드림

제1장
이별

1.
이제는 번호로 불리는 나의 사랑에게

그립고 보고 싶은 나의 사랑에게.

누군가에게 당신은 피해를 준 나쁜 놈일지도 모르겠습니다.
세상에게 당신은 죗값을 치르는 못된 놈일지도 모르겠습니다.
나에게 당신은 가슴 찢어지는 고통을 준 미운 놈일지도 모르겠습니다.

그럼에도 불구하고,
나는 오늘도 당신이 그립습니다.
선한 눈빛으로 나를 바라보고
따뜻한 손으로 나를 토닥여주고
서툰 말로 나를 감싸주던 당신이 보고 싶습니다.

당신이 저지른 잘못을 잘못이 아니라 두둔하지 않겠습니다.
당신이 치르는 고통을 억울하다 한탄치 않겠습니다.

그럼에도 불구하고
당신이 겪는 이 시간이,
우리가 보내야 하는 이 시간이,

당신의 삶에, 나의 삶에, 단단한 밑거름이 되도록
남아 있는 인생에는
남에게 피해를 주는 삶이 아닌,
빨간 줄이 그어진 인생이란 꼬리표로 흠 잡히는 삶이 아닌,
과거의 잘못을 인생의 커다란 교훈으로 삼아
더 올바른 삶을 사는 지표가 되도록 하는
그런 시간이 되도록
각자의 하루를 잘 버티길 기도합니다.

접견실 아크릴판에 맺힌 손자국에 당신의 온기를 느끼며
꺼진 마이크 너머로 뻐끔하는 입 모양에 당신의 목소리를 들으며
그렇게라도 서로의 곁에 있음을 확인했기에
돌아서는 뒷모습에 눈물을 흘리지 않기로 다짐합니다.

오늘 하루가 지납니다.
당신이 돌아올 날이 하루만큼 다가옵니다.
그리하여 지치고 힘든 마음보다는 설레고 감사한 마음으로 오늘을 마칩니다.
당신을 사랑합니다.

생일 즈음에
당신의 아내가

💬 오크나무 카페 댓글

Re... 사랑앓이

접견 갈 때 이름이 아닌 번호로 부를 때, 사람대접 못 받는 것 같아 마음이 참 아파요. 전 구속된 일주일 후가 결혼기념일이었어요. 아들 생일도 아빠 없이 해서 얼마나 미안하던지…. 이제 2주 후면 안사람 생일이네요. 오늘은 날씨도 흐리고 2단계 되어 심란하고 슬픈 휴일입니다.

> **Re... sweetsorrow**
> 코로나 소식에 이젠 접견 횟수부터 걱정하게 되었어요. 날이 흐려서인지 맘이 많이 힘드네요. 그래도 견뎌야겠죠.

Re... 좋은만남

너무 공감이 가서 눈물이 뚝뚝 흐르네요. 이 모든 게 다 꿈이었으면 좋겠어요. 십년, 이십 년 흐르고 이 시간을 되돌아보며 '이 일이 있어서 더 단단해질 수 있었다'라고 미소 지을 수 있는 날이 오리라 믿으며 오늘도 견뎌봅니다.

> **Re... sweetsorrow**
> 그럼요. 인생의 어떤 경험이든 좋은 방향으로 끌고 가려 노력하며 사는 게 맞는 것 같아요. 그래서 고달프고 때론 서럽기도 하지만 원치 않는 고통이지만 이왕에 닥쳤으니 잘 극복해서 내 인생의 복으로 만들 일만 남았다고 생각하기로 해요.

Re... 바다

글을 읽다 보니 저랑 비슷한 시기인 것 같은데 모든 게 다 낯설고 어렵고 힘든 것 같아요. 다른 분들 시간이 지나면 조금 더 괜찮아질 거라고는 하는데, 그것조차 아직은 너무 슬픈 것 같아요. 그래도 힘내세요. 전 그래도 언젠간 다시 만날 수 있다는 생각으로 버티는 것 같아요.

> **Re... sweetsorrow**
> 다들 그런 마음으로 여기 와서 토닥이고 위로받고 가는 것 같아요. 오늘 유난히 잠이 안 오네요. 수화기 너머 목소리가 자꾸 맴돌고…. ㅠㅠ

> **Re... 내마음**
>
> 쓰신 글 읽다 상상이 가서 아크릴 너머의 안사람을 바라볼 생각을 하니 꿋꿋해지자 다짐했던 맘 울다가 시간만 갈까 두렵네요. 단단히 맘먹고 약한 모습 절대 보이지 말자, 다시 다짐해봅니다.

>> **Re... sweetsorrow**
>>
>> 저도 안 울려 다짐 또 다짐했는데 돌아서 나오는데 눈물이 멈추질 않더라고요. 여기 많은 분의 조언대로 메모지 들고 할 말 다 적어서 들어가는데도 시간은 짧고. 마이크 꺼진 후 뻐끔대는 입 모양이 어찌나 애절한지…. 첫 접견 이후 안사람 편지에 자기는 내 앞에서 눈물 안 보였다고 자기 괜찮다고 하는 말에 폭풍 눈물 흘렸네요(지금도 눈물이 핑~). 미결일 땐 옷이 카키색인데 저는 괜히 막 세련된 색이라며 트렌디하다 실없는 농담도 했네요. 침착하게 잘 만나고 오실 거예요. 미결이시라 재판 등 실질적으로 하실 말씀도 많으실 테니 잘 메모하셔서 잘 만나고 오셔요!

2.
마음이 진정되지 않는
벌건 대낮

어제만 해도 몰랐어요.
아니 아예 생각을 안 했어요.
오늘 기분이 어떨지를.

그저 그동안 지내온 수많은 크리스마스이브 중 또 다른 하루이고,
올해의 365일 중 하루일 뿐이라 별다른 의미를 두지 않고
안사람에게 보내는 편지에도 간단한 카드와 기념 영치금 정도만 보냈을 뿐
손으로 정성 들인 그림도,
특별한 메시지도 보내지 않고 그렇게 오늘이 왔는데

아침에 안사람 편지를 받고 제법 말라간다고 생각했던 눈물이 터져버렸네요.
안사람 편지에도 특별히 다른 말도 없었는데 말이에요.
늘 하는 '보고 싶다, 사랑한다, 미안하다' 이런 말들이었는데….
오늘따라 제 모습이 또렷하다는 말 때문이었을까요?

안사람 편지를 손에 들고,
어제 써놓은 편지를 부치러 우체국에 가는 길에
눈물이 멈추지 않아 돌아오는 길, 사람 없는 한적한 산책길에서 꺼이
꺼이 울며 집으로 돌아왔습니다.

오늘 전화를 한다는 말이 편지에 있어
행여 놓칠세라
전화기와 물아일체가 되어 벨소리를 제일 크게 해놓고 기다리는데
마음이 잡히질 않아 오크나무에 기대어 이렇게 주절거립니다.

보통 12:40~13:20 사이에 오던 전화가 왜 이리 안 오는 건지….
3분의 시간은 그렇게 빨리 지나가는데 기다리는 1분은 왜 이리 더딘지.
오늘도 법무부 시계의 요상한 마력에 휘둘려 정신을 못 차리고 있습니다.
언제나 차분하고 감정의 진폭이 크지 않다는 평을 받아온 삶이었는데,
제가 저를 잘못 알고 있었나 봅니다.

안사람이 저를 많이 사랑해서 결혼했다 생각했는데
제가 훨씬 더 사랑하고 있었나 봅니다.
자꾸만 눈물이 흐르는 벌건 대낮인데,
전화를 받고 나면 조금은 나아질까요.
나아지지 않아도 좋으니 목소리를 듣고 싶고,
얼굴을 보고 싶고, 손을 만져보고 싶네요.

오늘 좋은 날이신 분들도 많은데 한낮에 청승 떨어 죄송합니다.
오늘 하루도 기어이 가고야 말 테니 잘 버텨야겠죠.
모두 힘들어도 잘 버텨낸 자신을 응원하는 좋은 하루 되세요.

💬 오크나무 카페 댓글

®... 유미

찬찬히 글을 읽다가 저도 모르게 눈물이 나네요. 저도 안사람이 저를 많이 사랑한다고 생각했는데 이를 계기로 제가 더 사랑한다는 걸 알게 된 거 같아요. 이 카페에서 눈물이 마르면 생각이 바뀐다는 글을 봤었어요. 그래서 저는 가끔씩 울어버린답니다. 365일 중 하루이니 하루하루 소중히 보내는 또 다른 하루가 되었으면 좋겠습니다. 우리 힘내요!

> #### ®... sweetsorrow
> 좋은 말씀 감사합니다. 유미 님도 저도 소중히 보내는 하루를 매일매일 잘 만들어가요!

®... 곧만나자

하… 울면서 글 쓰던 게 엊그제였는데, 공감되네요. 눈물이 납니다. 한없이 타락하는 기분. 낮이고 밤이고 새벽이고 눈물이 시도 때도 없이 나네요. 행복해서 글도 써보고 너무 힘들어서 글도 써보고. 시간은 가겠죠? 힘내세요! ^^ 좋은 날 분명 곧 올 거예요!

> #### ®... sweetsorrow
> 네, '곧만나자' 님 닉네임이 너무 좋네요. ^^ 저는 닉네임부터 청승스러운가 싶어서 바꿔야 하나 고민 중입니다. ㅎㅎ 제가 어릴 때 좋아하던 바이올리니스트 장영주 님의 앨범 제목이라 오랫동안 써온 건데 별게 다 신경이 쓰이네요. 빨리 전화 받고 금세 기분 풀려서 헤헤거리고 싶은데 말이죠. 좀 더 기다려봐야죠. 좋은 날이 모두에게 올 거예요!

®... 약속

저는 방금 전화를 받았는데 크리스마스 얘기는 하나도 못 하고 못 듣고 자다 깨서 비몽사몽 하는 목소리에 '자기 전화한 거 안 좋냐'며 핀잔 듣고 영치금 넣을 돈으로 대출금 원금 조금씩 상환하라고 하는데 수발하는 사람 맘이 그게 되나요? 상환은 상환이고 영치금은 영치금인 것이지…. 남은 30초에 폭풍 랩하며 '잘 지내~'라고 얘기한다는 게 '잘 자~'라고 해버리고 끊었네요. 크리스마스이브는 개뿔, 기분도 안 나고 저도 괜스레 울적하네요. 스윗 님 ♡ 오늘까지만 울고 내일부터는 저희 기운 내서 수발하자고요. 힘내요, 힘. 토닥토닥. ♡

> **Re ... sweetsorrow**
>
> 토닥토닥 감사해요~ ^^ 안사람이 약속 님 위한다고 상환하라고 하신 것 같은데, 남자들은 마음을 제대로 전할 줄 모르는 것 같아요. 대출금도 상환해야 하는데 내 영치금까지 챙기느라 네가 고생이 많다, 미안하다, 고맙다, 힘들 텐데 영치금 그만하고 대출금 먼저 해라, 이렇게 말해야 하는 걸 앞뒤 다 잘라먹고, 대출금 상환하라고 하다니요. 어차피 밤에 잘 테니 잘 자 인사 밤에 못 할 거 미리 한 거니 괜찮아요. ㅎㅎ 덕분에 저도 기운이 좀 나네요. 전화 받으셨다고 하니 저도 곧 올까 싶어서 또다시 기운이 ㅎㅎ 힘냅시다! 고마워요~ ^^ 저도 이렇게 기다려놓고 막상 받으면 어버버버 하다가 끊을 것 같아요. ㅋㅋ 썸 타는 사이도 아닌데 오늘 혹시 전화 안 와도 담 주 예약 전화 있으니 오늘은 그만 울고 잘 지내보렵니다!

> **Re ... 배웅**
>
> 저도 읽으면서 울컥했네요. ㅠㅠ 남친이 안사람이 되고 난 후에 저도 안사람 못지않게 미쳐있구나! 라고 느꼈어요. 그래도 할 때까지 해보려고요. 오늘 울면서 "메리크리스마스~ 흡~" 하는 소리에 저도 모르게 웃음이 나면서도 눈물이 핑~ ㅋㅋ 건강하게만 지내달라고 했어요. ^^ 사랑한다고 수도 없이 말해줬어요. 눈물 나서 말이 잘 안 나올 수도 있겠지만 꼭 사랑한다고 계속 말해주세요~ ㅎㅎ 아자 아자! 우린 또 우리의 방식으로 힘내보자고요! ^^

> **Re ... sweetsorrow**
>
> 사랑한다는 말 계속해주라는 배웅 님 말씀 명심할게요. 저도 들으면 그리 좋은 말인데 해줄 때는 왜 이리 쑥스러워했는지 모르겠어요. 눈물이 나서 그 말이 나올 틈도 없이 시간이 가버리더라고요. 여기 많은 오크 가족 님들의 응원과 격려로 저도 다시 힘을 냅니다. 배웅 님도 좋은 크리스마스 되셔요! 우리 긴 인생에 많이 특별한 시간, 이것조차 소중한 시간으로 만들어봐요!

> **Re ... 꽁냥**
>
> 슬픔이 저에게까지 느껴지네요. 가끔 이런 날이 오더라고요. 잘 참다가 훅~ 하고 파고드는 날이…. 이럴 땐 펑펑 울어주자고요! 지금쯤이면 통화를 하셨으려나? ㅜㅜ 안사람분 목소리 듣고 또 힘내봐야지요!

> **Re**... sweetsorrow
>
> 훅 하고 파고드는 날, 오늘이 그날이었나 봐요. 매일 우체국에 편지 보내러 가면서 코로나 시대에 덕분에 산책한다, 고맙다 그러고 다녔는데 오늘따라 왜 그리 눈물이 나던지요. 꽁냥 님 예측처럼 방금 통화 마쳤는데 역시 현실은 로맨틱하지 않아요. ㅋㅋ 그래도 '사랑한다, 보고싶다' 다 말했어요. 이따 편지 쓰면서 또 좀 울지도 모르겠지만, 안사람이 안에서 먹고 맛나다고 한 허쉬 초코빵 사뒀으니 같이 먹는 기분으로 편지 쓰며 크리스마스 파티 하려고요. 꽁냥 님, 고마워요. 꽁냥 님도 복 받는 크리스마스 되세요!

3.
오크나무에
리본을 매는 여자

오크나무에 노란 리본을 묶고 사랑하는 사람을 기다린 한 여자의 이야기에 까닭 모를 눈물을 흘리던 어린 여자아이가 있었습니다.
어느덧 어엿한 여인이 되어, 어릴 적 얘기 따윈 기억조차 못 한 채 사랑에 설레 기도 하고, 이별에 아파하기도 하다, 마침내 너만을 사랑한다는 눈빛이 선한 남자와 헤어지지 않는 만남을 약속합니다.

남들이 부러워할 만큼 으리으리한 집은 아니지만
남들을 부러워하지 않아도 될 만큼 소박한 집에서
때로는 투탁이며, 때로는 보듬으며 살아가고 있었습니다.

여자는 문득문득 참 행복하다 여겼습니다.
그런데 남자는 아니었나 봅니다.
더 성공하고 싶어 했고,
더 출세하고 싶어 했고,
더 잘 벌고 싶어 했습니다.
그래서 더 열심히 일했습니다.
점점 말수가 줄어듭니다.
잘 웃지 않습니다.

아주 작은 일에 갑자기 성을 냅니다.

어느 늦은 밤, 출장 간 남자가 여자에게 전화를 겁니다.
반짝이던 눈빛만을 보여주던 남자가,
따뜻한 웃음만을 보여주던 남자가
펑펑 울면서 "미안하다, 미안하다"를 끝없이 말합니다.
여자는 내려앉는 심장을 주체할 길이 없어 불안한 밤을 지새웁니다.
몰랐던, 아니 모르고 싶었던 진실에 마주할 시간이 왔습니다.

정신을 차려보니, 여자는 오크나무 아래서 노란 리본을 들고 있습니다.
수많은 동화 속 여주인공 중 왜 하필 리본 매는 여자가 되었을까!
그때의 불안한 눈빛을 피곤함이라 여기지 않았더라면,
그때의 초조한 말투를 스트레스라 여기지 말았더라면,
내가 원한 건 더 큰 집, 더 좋은 차, 더 많은 돈이 아니라
당신과 함께 먹는 음식, 당신과 함께 웃는 시간, 당신과 함께 있는 공간이었음을 왜 알려주지 못했을까!

수많은 후회와 자책을 하다가도
'모든 사람이 당신과 같은 상황에서 당신 같은 선택을 하지 않아'라며
남자의 어리석음을 원망하는 뾰족한 마음도 외면하지 못합니다.
그럼에도 불구하고, 내가 리본을 매고 있으니 그곳에 혼자 있지 말고,
나를 혼자 두지 말고 우리 또다시 함께하자 마음을 달랩니다.

그렇게 리본을 매러 나온 오늘,
문득 눈을 들어보니 오크나무 한 그루가 아닌 수많은 오크나무에 매일 하나씩 정성스러운 노란 리본이 쌓여가고 있습니다.
누군가 더 이상 리본을 매기 싫다고 할 때,
쉬어도 좋다고 토닥여주기도 하고
처음 리본을 매며 서툰 몸짓에 힘겨워할 때,
이렇게 하는 거라고 살뜰히 챙겨주기도 합니다.

리본을 매다 바라본 숲 끝에 아무리 고개를 내밀어도 보이지 않는 임의 모습에 마음이 지쳐갈 때, 네 몫의 리본을 다 매고 있으면 반드시 온다며 숲 너머에서 온 임과 함께 숲을 떠나는 뒷모습으로 확신을 주기도 하고,
더 이상 못 하겠다며 리본을 버리고 떠나는 이에게도 충분히 애썼다며 이 숲의 밖에 더 좋은 세상이 있다고 박수를 쳐주는 그런 오크나무 숲에 여자가 서 있습니다.

그리하여 리본 매는 여자는 더 이상 외롭지 않습니다.
혼자서 들어온 오크나무 숲에,
반드시 나타날 숲 끝에서 임과 둘이서 나갈 날이 있음을,
그리고 그날을 같이 기다려주는 이들이 있음을 믿으니까요.

오크나무 카페 댓글

Re... 다람
감동해서 마음이 벅차네요. 수많은 동화 속 주인공 중 왜 하필 리본 매는 여자가 되었을까~ 라니…. 마음에 쿡 박히면서 눈물이 핑 돕니다. 우리는 정말 너무나 좋은 오크나무 숲에 쉼터를 갖고 있군요. 최근에 읽은 어떤 책이나 글보다 스윗소로우 님 글에 가장 큰 위로를 받아서 고맙습니다. ♥

> **Re... sweetsorrow**
> 아마도 여기 모두 비슷한 아픔을 공유하고 있기에 부족한 글이지만 위로가 되었나 봐요. 이렇게 좋은 마음 전해주셔서 저 역시 고맙습니다. 같이 다독이며 이번 주말도 잘 버텨보아요.

Re... 한마음
안사람 들어가고 오크나무 와서 스윗 님이 쓰신 편지 보면서 저 대성통곡하면서 폰 잡고 울었네요. 스윗 님 글 보면 정말 말라가고 있던 눈물들이 촤악~
한 번씩 너무 개운해요. 마음 청소되어서요~ ^^

> **Re... sweetsorrow**
> 우리 모두 눈물 보따리 꽁꽁 싸매고 참고 있다가 누군가 바늘로 톡 터뜨려주면 확 보따리 풀어버리고 좀 가벼워지고, 그러다 어느새 또 그 보따리 빵빵해지고 그러는 것 같아요. ㅎㅎ

Re... 호재
너무너무 공감되네요. 우리 모두 지금 오크나무에 리본 매고 있으면서 서로에게 힘이 되어주고 있다는 거 한 번 더 공감하고 한 번 더 힘을 내어봅니다. 우리 모두 다 힘내시고 다들 안사람과 손잡고 새 출발 하는 그날을 기다려봐용~ ^^

> **Re... sweetsorrow**
> 네~ 모두에게 끝이 있는 기다림이니 오늘 하루가 힘든 만큼, 남이 있는 힘든 하루가 지워졌다 여기고 씩씩하게 내일을 맞이하렵니다. ^^

4.
새어버린
물 한 모금

치과 치료를 위해 마취를 했습니다.
몇 시간이나 흘렀을까요.
문득 목이 말라 물 한 모금을 마셨습니다.
주르륵~ 벌어진 입술 사이로 흘러버리는 물.
아직 마취가 덜 깬 입술의 감각이 물 한 모금조차 목으로 제대로 삼키는 일을 방해합니다.
나의 의식은 이리도 또렷한데, 물 한 잔 머금는 그 쉬운 일조차 내 몸은 해내지 못합니다.
문득, 안사람과 떨어져 지내는 이 시간이 아직 감각을 못 찾은, 마취가 덜 깬 내 입술과 비슷하다 생각합니다.
아주 사소한 일상조차 제대로 해내지 못하는 순간들이 나도 모르게 찾아오는….

분명히 내 머리는 무슨 일을 해야 하는지 알고 있는데,
그래서 한다고 하고 있는데
줄줄 새어버리는 내 입술 사이 물처럼
아무렇지도 않게 쉽게 하던 일들이 제대로 되지 않습니다.
시간이 흐릅니다.

마취가 깨어오니 이제 입술은 제대로 움직이는데,
물도 잘 마실 수 있는데
치아의 고통이 되살아납니다.

어찌저찌 하루를 제대로 살아낸 듯하지만,
마음의 마취가 풀려버려 문득 저려오는 찌릿한 아픔이 몰려옵니다.
또 며칠이 흐릅니다.
이제는 물도 제대로 마시고, 더 이상 치아의 통증도 느껴지지 않습니다.
전보다 더 튼튼해진 치아로 마음껏 맛있는 것도 먹습니다.
이 시간도 그렇게 흘러가겠지요.
나의 일상도 제대로 해내고, 마음 저린 아픔도 이겨낼 줄 알게 되면
그리고 사무치게 그리웠던 사람이 다시 내 곁으로 돌아와
전보다 더 단단해진 사랑으로 마음껏 하루를 보내게 되겠지요.

치아에 남은 치료의 흔적처럼 마음에도 흔적은 남겠지만
살다 보면 문득문득 이 시간이 현실의 걸림돌이 되는 날도 있을 수 있
겠지만 그래도 둘이 함께이니 조금은 덜 힘이 들겠지요.

그날이 하루만큼 더 다가옴에 오늘도 감사합니다.

💬 오크나무 카페 댓글

Re... 설비

그러고 보니 진짜 치과 치료받을 때 마취한 느낌 같네요. 처음에 남편이 법정 구속되었을 때 어버버 하고 꿈인지 현실인지 붕 뜬 기분이 몇 달 갔었는데 어찌어찌 마취 기운에도 밥을 먹듯 일상생활을 했고 마취가 깨고 언제 그랬냐는 듯 아무렇지 않게 일상적으로 잘 지내는데, 사랑니 뺀 흔적이 몇 달이 지나도 허전하듯이 남편 빈자리가 느껴지네요.

> **Re... sweetsorrow**
> 그러게요. 명절이 다가와서 그런지 마음이 작아져요. 쩝~ 어차피 직계 가족도 같이 안 살면 5인 이상 못 모이는 시기라 그나마 나은 건가 마음을 다독여보지만….

Re... 순수

잇몸에 짜릿한 통증이 사라지듯 지금 우리에게 찾아온 아픈 통증도 매일 조금씩 사라지고 환하게 웃을 날이 찾아오겠죠.

> **Re... sweetsorrow**
> 네, 고맙습니다. 조삼모사라고 2월이 짧은 게 왠지 모를 위안이 돼요. 어차피 형기 계산할 때 다 똑같이 30일인데도요.

Re... 보리

마음이 아려오는 글이네요. 언젠간 과거가 될 오늘날도 추억하며 웃을 수 있는 날이 올 거예요. 끝이 있는 기다림이니깐요. 힘내세요!

> **Re... sweetsorrow**
> 네, 끝이 있는 기다림이기에 버틸 수 있는 힘도 생기는 것 같아요. 고맙습니다. ^^

5.
사이버 러버
(Cyber lover)

Cyber lover, 요즘 어리신 분들은 못 알아들을 옛날얘기죠? ㅎㅎ
접견이 막히고 나서 인터넷 서신과 편지로만 소통하다 보니
안사람이 과연 실존 인물인가 싶어지는 순간이 오더라고요.

랜선 연인조차 되기 힘든 현실에
오지 탐험 보냈다 생각하다가
옥에 갇힌 독립투사 기다리며 삯바느질하는 여인네 코스프레하다가 온
갖 상상의 나래로 안사람은 저의 'Cyber lover'가 되어가고 있었는데
드디어….

실체를 확인할 수 있는 날이 오네요. ㅎㅎㅎ
밸런타인데이에
내 사람이 Cyber lover는 아니라는 걸 확인받을 수 있게 되어
조금은 덜 우울해하려 합니다.

💬 오크나무 카페 댓글

Re... 설비
백퍼 공감되네요. 남편의 실체가 있는 것인가? 12월에서 2월까지 전화도 스마트 접견도 막혔을 때, 진심 이분은 있긴 있는 건지 싶었다는…. 남편 없는 생활이 익숙해서 더 남편의 빈자리도 느껴지지도 않는 거 같고 그래요. 나중에 나와도 어색할 듯….

> **Re... sweetsorrow**
> 사람이 적응의 동물이라 나중에 어색할 것 같다는 말씀 여기서도 많이 하시더라고요. 가상 현실이 진짜 현실이 되는 것처럼 얼떨떨할 것 같긴 해요. 돌아오면 또 다른 의미의 현타가 오겠지만 지금보단 낫겠죠!

Re... ANN
덕질하는 마음가짐으로 합니다. ^-^ 일반 접견은 단독 팬 미팅, 전화 접견은 이벤트 당첨 느낌, 스마트 접견은 코로나 팬 미팅(실제로 요즘 팬 미팅은 영상 통화로도 해요).

> **Re... sweetsorrow**
> ㅎㅎ 진짜 덕질 같은 거 모르고 산 인생인데, 안사람 덕후 노릇 아주 제대로 하고 있네요. ^^* 그럼 우린 성덕이군요.

> > **Re... ANN**
> > 그죠 그죠! 성덕이죠.

> > **Re... 남양10**
> > 영치금 내고 영상 통화 하는 성덕이네요. ㅋㅋ

Re... 속삭임
아니 Cyber lover라니. ㅠㅠ 정말 많이 웃었네요. 그렇지만 전 그 Cyber lover조차도 보러 가지 못합니다.

> **Re... sweetsorrow**
> 힝~ 아까 속삭임 님 올리신 글 읽었어요. 저도 읽고 속상하긴 했는데 또 엄마 마음이 오죽할까 싶으니 참 어렵더라고요. 다음번 일반 접견은 속삭임 님 혼자 꼭 다녀오세요. 이번엔 속삭임 님 수술 후 몸 챙긴다 생각하시고~

6.
시차 부적응
- '벌써'와 '아직'의 경계에서

그가 넘을 수 없는 담 너머 세상으로 홀로 떠난 후,
그와 나의 세상과
나 홀로 지내는 세상에는 시차가 생겼다.

담장 밖 세상에는
'벌써'가 대세이다.
한창 연애 중인 동생도, 나 그이랑 '벌써' 100일이야.
귀여운 아가를 품에 안은 친구도 우리 애가 '벌써' 돌이야.
어린 줄만 알았던 조카도 저 '벌써' 졸업해요.
누구나 그렇게 말한다.
'벌써' 2월이야!
'벌써' 1년이 다 갔어!
'벌써' 10년이 되었어!
나 역시 무수히도 많이 내뱉던 말들.

그런데,
그와 나의 세상에는
'아직'만 존재한다.

딱 한 번 '벌써'가 등장한다.
얼굴을 맞대는, 혹은 목소리를 듣는, 10여 분….
바로 그때 유일하게 '벌써'가 등장한다.
드럽게 눈치 없는 녀석 '벌써'.

그와 나의 세상에는
오늘 내가 한 말을
그는 내일 혹은 모레 듣는다.
그가 답한다.
나는 내일, 모레 혹은 글피가 되어야 그의 답을 듣는다.
그렇게 여기의 사흘이 우리의 하루가 된다.
그나마 야속한 여기의 주말은
그런 우리의 하루조차 기어이 격일제로 만든다.

매달리기의 10초와
100미터 달리기의 10초가
다른 것처럼
담장 밖의 하루와 담장 너머 하루가 다른 것일까.

죽어라 매달렸는데 아직 1초만 지났단다.
간신히 매달린 양팔에 무게 추가 자꾸만 더해진다.
조금만 더 버티란다.
'벌써 1초가 지났단다'라는데
'아직' 남아 매달려야만 하는 시간이 아득하다.

이 또한 지나간다는데
누구도 '금방' 지나간다고는 하지 않는다.
자기에게 주어진 '아직'의 시간을 견뎌낸 사람 그 누구도
밖에서는 '벌써' 지나간 6개월을, 1년을, 그 이상을
돌아보니 "벌써 지났어요"라고 하지 않는다.
담장 안 세상 시간에 대해서는 누구도 그러지 않는다.

그래서일까.
이 시차가 여전히 버겁다.
"묵묵히 버티자, 똑같은 1초다."
마음을 달래고 다스려도 여전히 '아직'이다….

그럼에도 불구하고,
시간은 멈추지 않고 흐르기에,
담장 안에서나
담장 밖에서나
분명하고 공평하게 흐름을 믿기에
시차 부적응의 나날도
끝날 그날도 오리라 믿고,
오늘도 이 악물고 매달린다.
'아직'이 '벌써'가 될 날을 기다리며….

💬 오크나무 카페 댓글

Re... 푸른바다

잠시나마 벌써 그래도 한 달이 되어가네 했던 제 자신이 부끄럽고 안사람에게 미안한 맘이네요. 저도 '벌써'와 '아직'의 경계에서 적응하지 못하고 있는 거 같아요. 이리 울컥하는 거 보면….

> **Re... sweetsorrow**
>
> 어머 아니에요. 안사람에게 부끄럽고 미안해하지 마셔요. 이런 일은 처음 겪어도, 백날을 겪어도 적응하기 어려운 일이잖아요. 감기 맨날 걸려도 걸릴 때마다 아픈걸요. 푸른바다 님의 하루를 잘 보내시면 그걸로 '아직'을 '벌써'로 잘 만드시고 있는 거예요. 현명하게 잘하고 계시다는 반증입니다. ^^

Re... 포겟

와우~ 이 필력 무엇인가요! 하트 누르고 매번 꺼내볼게요. ♥ 저도 '벌써'라는 말을 남편에게는 일부러 안 쓰거든요. o(ㅠㅁㅠ)o 글 너무 공감… 또르르….

> **Re... sweetsorrow**
>
> 앗, 소중한 하트 감사합니다. ^^ 이런 거 안 받아봐서 몸 둘 바를 모르겠어요. ㅎㅎ
>
> '벌써'인지 '아직'인지 어느 시간을 살고 있는지, 접견 다녀온 날 저녁엔 분명 낮에 본 사람인데, 백만 년 전쯤 본 것처럼 까마득한 옛날 같고 시차 감각이 고장 나 버렸어요. 포겟 님 닉네임처럼 이런 시차 부적응의 시간을 나도 모르게 잊고 맘 편히 '벌써'라고 남편분께 말할 날이 올 거예요. 지금도 오고 있고요. ^^ 좋은 하루 되세요~

Re... 알럽

거봐요, 거봐요! 말씀도 예쁘게 하시고 제가 배울 점이 한두 가지가 아니에요. 진짜 너무 공감도 가고 울컥도 하고 여러 감정이 올라오네요, 스윗 님 감사합니당. ♥

> **Re... sweetsorrow**
>
> 알럽 님은 말씀을 얼마나 사랑스럽게 하시는지 사실은 본인도 아시죠? 정말로 알럽 님 댓글이나 글 읽으면 언제나 절로 미소 지어져요. (바닷가에서 눈물 찔끔 했다는 글엔 맘이 짠~했지만.)
>
> 그래도 알럽 님껜 항상 사랑스러운 기운이 넘쳐서 주변을 다 행복하게 하실 것 같아요. 떠나는 사람보다는 남는 사람 맘이 더 힘든 법이라 이곳을 떠나는 분들의 뒷모습을 보면 축하의 마음과 더불어 부러움의 마음이 어쩔 수 없이 같이 올텐데 그래도 한결같이 좋은 마음으로 축하하시는 알럽 님. 예쁜 마음이 알럽 님께 복으로 다 돌아올 거예요.
>
> 오늘 하루도 러블리하게! ^^

> **Re... 초코**
>
> 나와서도 벌써와 아직을 새삼 느끼고 살고 있습니다. 남들은 앞을 향해 달려가고 있는데 저는 항상 뒤에 있는 거 같고 자존심, 자존감 자체를 내려놓고 산답니다. 그만큼 더 많은 노력을 해야겠지요. '아직'이 아닌 '벌써'로….

> **Re... sweetsorrow**
>
> 꼭 지내다 나오지 않더라도, 살다 보면 나 홀로 뒤처진 것 같은 때가 있게 마련이지요. 쓸데없는 자존심을 부릴 필요는 없지만 너무 위축되지 않으셨으면 좋겠어요. 누구나 인생에서 실수도 하고, 잘못도 저지르는데 그 실수와 잘못에서 무엇을 배우고 어떻게 대처해 나가느냐가 더 중요한 거잖아요. 기운 내시고, 좋은 방향으로 잘 나아가려 노력하는 자기 자신을 칭찬하는 하루가 되시기 바랍니다. ^^

오크나무 카페 이야기

▌안사람

'안사람'
무슨 뜻인지 아시나요?
우리가 아는 단어 말고 '안사람'에는 특별한 의미가 하나 더 있습니다.
바로 오크나무 네이버 카페 회원들만 아는 친근한 단어인데요.

언제 생겼는지는 모르지만, 어느새 2만 명 가까운 회원들이 너나 할 것 없이 쓰는 단어가 되어버렸습니다.

오크나무 네이버 카페는, 교도소, 구치소에 수용 중인 수용자의 가족이나 연인, 그리고 출소자들이 서로 마음을 나누는 공간입니다.
여기에서 가장 많이 사용되는 단어,
그것이 바로 '안사람'입니다.

언제, 누가 시작했는지는 모르지만 이제 카페에서 누구나 사용하고 이해하는 말이 되었네요. 여기서 '안사람'이란 교도소나 구치소 '안에 있는 사람'을 뜻합니다. 아버지, 어머니도, 동생이나 오빠, 남편도 그리고 아내도 모두 '안사람'이라고 부릅니다. '수용자', '재소자' 같은 말이 있지만, 왠지 사회적으로 굳어진 부정적 이미지 때문에 부르기가 꺼려

지나 봅니다.

'안사람'에는 내 가족이라는 친근한 심상이 그 단어에 들어 있습니다. 그래서 모두가 친근하게 사용하는 것이지요. 언젠가는 국어사전에 '가족이 수감되어 있을 때 친근하게 부르는 말'이라는 정의를 내려 '안사람'이라는 단어가 기록될지도 모르겠습니다.

교도소는 정말 나쁜 사람들만 가는 곳은 아닙니다. 어느 날 갑자기 우리들도, 우리의 가족들도 구속되어 가게 될 수 있습니다. 의도치 않은 잘못으로 법의 심판을 받게 될 수 있고, 법을 잘 몰라 어길 수도 있습니다. 빌린 돈을 제대로 못 갚아 고소를 당할 수도 있고, 정말 억울한 누명을 쓰고 구속되어 재판을 받는 경우도 있습니다. 사람 일은 모르는 것이니 누구도 함부로 비난하면 안 되지요.

'안사람'
그 말에는 수용자도 우리의 사랑하는 가족이고, 돌아올 이웃이라는 따뜻한 의미가 숨어 있는 것이지요.

오크나무

제 2 장
그리움

1.
외로이와
울적이에게

이를 닦다가 세면대 위에 주인 잃은 칫솔에
울컥 치받는 외로움을 외면할 수 없어졌다.

길을 가다가 별말조차 없이 나란히 걷는 커플의 등 뒤에서
저릿, 밀려드는 서러움을 모른 척할 수 없어졌다.

잠을 자다가 간지러운 등을 참지 못해 부른다.
자기야~ 아… 없지….
가려운 등보다 시린 가슴을 부정할 수 없어졌다.

잘 살고 있는데,
잘 살고 있는 줄 알았는데,
칫솔이, 베개가, 커플 컵이
구석구석 눈에 닿는 모든 것들이 나는 혼자라고 일러준다.

샤워만 하면 온통 물바다로 만드는 사람 없어 내 욕실은 뽀송뽀송해졌
는데 침대에 누워 과자 부스러기 흘리는 사람 없어 내 침실은 고슬고
슬해졌는데 내 마음은 바스락바스락 말라가고

내 눈물은 언제 터질지 모르는 폭탄이 되어버렸다.

나는 혼자구나!
나는 외롭구나!
외로움은 웃기는 아이다.
나는 혼자라고 그리 각인시켜놓고
정작 외로움은 내게 홀로 오지 않는다.
울적함을 데리고 와버린다.
외로이와 우울이가 사이좋게 함께 와서 내 마음을,
내 생활을 그리도 탐한다.

무기력한 니는 멍하니 자리를 내이준다.
정작 홀로 지내는 사람은 내가 아닌데
아무것도 할 수 없는 사람은 내가 아닌데
그 사람의 존재조차 모르고 산 동안에도 나는 잘 살아왔는데
한 사람이 잠시 떠나간 것으로 반드시 돌아올 날을 알고 떠난 것임에도
나는 왜 이리 속절없이 무너지는가!

그깟 칫솔이 뭐라고
그 흔한 커플이 뭐라고
어느 날 그가 전한다.
같은 시간이지만 같은 공간이 아니고
나의 공간으로 올 순 없지만
항상 나와 함께 있다고.

자기를 혼자라고 느끼지 않게 해줘서 고맙다고.

정말 철저히 홀로 지내는 사람은 그인데
그런 그는 혼자가 아니라는데
나 홀로 혼자라며
외로이와 울적이에게 나를 내어주었다.

함께 지낼 때 이를 닦으며 그를 애틋해한 날이 언제였던가!
함께 있을 때 침대 속 부스러기를 안타까워한 날이 있기나 했던가!
같은 공간에 있지 않음이
10여 분의 짧은 만남이
오늘 한 질문을 글피나 돼야 듣는 답들이
삐뚤빼뚤 손 글씨로 주고받는 소식들이
아무래도, 아무래도 익숙해지지 않지만
그래도 나는 혼자가 아니란다.

그도 혼자가 아니란다.
외로이야 울적이야.
함께 왔으니 함께 가렴.
나도 그와 함께 있으련다.

안녕.

💬 오크나무 카페 댓글

Re... Tree

와~ 초창기 때 생각이 새록새록 나네요. 한동안 칫솔도 못 버리고 있었는데…. 이젠 크게 힘들지 않다는 생각이 들 땐 내가 이 상황에 적응한 건지, 냉정한 건지 모르겠지만 외로이와 울적이는 시간이 지나면 구석탱이에 찌그러져 있을 때가 올 거예요.

> **Re... sweetsorrow**
>
> ㅋㅋㅋ 찌그러져 있을 생각 하니 통쾌하네요. 적응을 해야 살죠. 영원히 떠나보내고도 살아내는 게 사람이잖아요. 그래야 하구요.

Re... 햇살

한마디 한마디가 정말 가슴을 콕콕 파고드네요. 외로이와 울적이 ㅠ 감동받고 눈물 찔끔하고 갑니다.

> **Re... sweetsorrow**
>
> 햇살 님, 햇살처럼 밝게 웃으실 날만 남았으니 맘 약해지지 마시고, 외로이, 울적이 찌그러져 있으라 하고 sunny days 되세요!

Re... 버들

진짜 문학가이신 거 같아요. ^^ 한구절 한구절 다 이렇게 저리고 와닿을 수가요. 저는 안사람과 사랑하는 사이가 아님에도 그 맘이 너무너무 이해되고 와닿습니다. 스윗 님의 훌륭한 글솜씨 덕분이에요.

> **Re... sweetsorrow**
>
> 제 글이 훌륭해서가 아니라 버들 님 가슴이 따뜻하여 다른 사람의 맘을 잘 헤아리셔서 그럴 거예요. 글은 읽는 사람의 몫이라잖아요. 함께 느껴주시고 격려해주셔서 감사합니다.

2.
사람은 변하지 않는다.
하지만 사랑은 변한다

'사람은 변하지 않는다. 하지만 사랑은 변한다.'

당연하게 받아들이던 저 얘기가
당신을 떠나보낸 후 때론 내 가슴을 날카롭게 후벼 파는 유리 파편이 되어버렸어.
나의 행복을 진심으로 바라는 사람들이 걱정스러운 마음으로 조심스레 건네는 저 말이 마냥 아프진 않았어.
어떤 마음인지 너무 잘 아니까.
당신 곁에 머물러 있는 나를, 단단해져가는 우리 사랑을 걱정하는 마음만큼이나 기꺼이 응원하는 사람들이니까.

나를 움츠러들게 만든 건
아무것도 모른 채 그저 당신을 '죄인', '전과자'로만 바라보는 무심하고 차가운 시선들,
어쩌면 당신과 지내는 내내 그리고 당신 자신에겐 평생 따라다닐 저 꼬리표.
당신의 조그마한 실수도 이제 사람들에게 쉬운 이야기가 되겠지. "거 봐 역시 사람은 안 변해!"

때로는 나조차도 당신에게 실망스러운 모습이 보이면 "역시…"라고 읊조리며 더 무너질지도 모르지.

나는 당신만은 변할 거라고,
우리 사랑만은 변하지 않을 거라고,
믿지 않아.
그런 헛된 믿음으로 지금을 버티는 게 아니야.
행복회로를 돌리며 냉엄한 현실을 외면하며
꽃 같은 미래를 꿈꾸는 게 아니야.

뜨거우니 불에 손대지 말라는 엄마 말을
기어이 어기는 호기심 많고 분별력 없는 어린아이가
호되게 데어봤으니 적어도 다시는 불을 만지지 않겠지.
그 아이가 다시 불에 손을 대는 건 스스로 자신을 해치려는 절망의 마음일 테니, 스스로 자신을 구해내야 하는 아이의 몫이겠지.
더 이상 불에 손은 안 댄다 해도, 그릇된 호기심과 분별력이 부족한 아이의 기질은 변하지 않아서 또 다른 일을 낼지도 모르지. 그리고 더 이상 아이가 아닌 사람에게 세상은 관대하지 않음은 당연한 것일 테고.

다만, 얼마나 어리석은 짓이었는지, 얼마나 무책임한 선택이었는지 똑똑히 경험하였으니 자신의 그러한 기질을 다스리는 법을 배우고 있으리라 믿는 거야.
제대로 사람을 존중하고, 인생을 귀히 여기는 시간으로 담금질하고 있는 당신을 지켜보고 있기에 이 시간을 기꺼이 버텨낼 수 있는 거야.

'사람은 변하지 않는다.'
당신에게 붙은 꼬리표는 평생 떼어지지 않아.
당신을 단죄하는 사람들도 변하지 않아.
자신의 경험에 비추어 남의 인생을 재단하고 조롱하는 세상도 변하지 않아.

'사람은 변하지 않는다.'
한마디만 덧붙일게. 사람은 '쉽게' 변하지 않는다.
그래서 당신도 나도 매일 무너지고 다시 일어서며 이를 악물고 노력하는 거야.

'사람은 변하지 않는다.'
다른 느낌 같은 말, 한결같다.
당신의 따뜻하고 고운 심성은 한결같고
당신의 어리석었고 그릇된 잘못은 평생을 반성하며 같은 잘못을 반복하지 않도록 끊임없이 노력하자.
난 그럴 수 있는 당신의 끈기를 믿어.

'사랑은 변한다.'
맞아, 사랑은 변해.
그런데 '어떻게' 변하는지는 우리가 만들어가는 거잖아.
오래 숙성된 와인이 깊은 맛을 내듯
더 깊고 진한 사랑으로 변해가자.

잊지 말자.
사람은 변하지 않는다.
사랑은 변한다.

어제보다 조금 더 사랑해.
나의 한결같은 당신을.

> 💬 **오크나무 카페 댓글**

Re... 순수

사랑은 변하지 않는다. 다른 느낌 같은 말, 한결같다.
당신의 따뜻하고 고운 심성은 한결같고
당신의 어리석었고 그릇된 잘못은 평생을 반성하며
같은 잘못을 반복하지 않도록 노력하자.
난 그럴 수 있는 당신의 끈기를 믿어~

오크 님들이 안사람들에게 해주고픈 말 아닐까 싶네요.

> **Re...** sweetsorrow
>
> 제 안사람은 표현에 서툰데도 힘과 위로가 되었다고 좋아라 해주더라고요. 부디 오늘 하루도 잘 버텨주길 기도하는 마음입니다. ^^

Re... 이겨내자

어떤 마음이신지 고스란히 전해집니다. 늘 좋은 말을 많이 해주시는 sweetsorrow 님. 역시 이 글이 마음을 먹먹하게 해주셨네요. 안사람분은 행복하시고 든든하실 것 같아요. 전 아직 면회 편지 아무것도 안 해줬어요. 어쩌면 이제는 그럴 일이 없을 것 같기도 하고…. 그 친구가 괜스레 외로울 것 같다는 생각이 듭니다.

> **Re...** sweetsorrow
>
> 이겨내자 님 안사람분이 그곳에서 처절한 외로움을 겪으며, 그 고통으로 인해 조금이라도 삶이 변할 수 있는 계기가 된다면 그 또한 안사람에게 굉장히 값진 고통일 거예요. 사랑했던 사람의 고통을 알고도 외면하는 것처럼 느껴지실 수도 있겠지만 이겨내자 님의 마음의 고통을 우선 돌봐야지요. 이겨내자 님이 평생을 어떤 상황에서도 사랑해야 하는 대상은 이겨내자 님 자신이니까요. 안사람분은 이겨내자 님의 지고지순한 마음을 온전히 받지 못하고 제대로 된 사랑을 할 줄 모른 채 지난 세월을 보내셨던 건 몹시 안타깝지만, 사람의 진심을 망가뜨림으로 되돌아오는 것이 무엇인지 안사람께서 온몸으로 배우는 시간이 되시길 바라는 걸로 이겨내자 님의 할 몫은 차고 넘치게 한 게 아닐까 싶어요. 다른 복잡한 생각은 다 버리시고 우선 이겨내자 님이 하루하루를 건강하게 잘 버텨내시길 응원해요.

⒭… 커피향

님의 좋은 글이 자식을 안에 두고 영육이 지쳐가던 부족한 어미에게 또 한번 힘이 되네요. 고맙습니다. 덕분에 맘 한번 다시 추스르고 하루 시작해봅니다!

> **⒭… sweetsorrow**
>
> 세상의 그 어떤 마음을 어미가 자식에게 갖는 마음에 비견할 수 있을까요. 다 큰 자식이 본인의 의지로 저지른 잘못임에도 부모는 그저 내가 잘못 키웠나, 내가 잘못 가르쳤나, 내가 잘못 해줬나, 온통 해주지 못한 부족한 것들 생각에 마음이 찢어지지요.
>
> 저는 아직 부모 된 경험이 없어 그 마음의 억만 분의 일도 감히 헤아릴 순 없지만 지금도 저의 '배고파' 한마디에 만사를 제쳐놓고 밥을 차려주시는 엄마의 손길을 보면 이젠 자식에게 받으셔도 되는데 아직도 한없이 퍼주시기만 하는 엄마를 보면 그리고 뻔뻔하게도 그 밥을 받아먹는 저를 보면 엄마가 옆에 계셔주시는 것만으로도 내가 얼마나 복 받은 사람인지 새삼 느낍니다.
>
> 님의 자제분도, 어머니의 마음을 이렇게 아프게 한 건 괴로우면서도 자신을 위해 이렇게 아파해주는 어머니가 계셔서 그곳의 하루를 버티고 있을 것이라 믿습니다. 부디 건강하게, 잘 지내셔요. 커피향 님은 자제분의 힘이니까요.

⒭… 다람

스윗 님의 말은 하나하나 주옥같아서, 읽을 때마다 글이든, 댓글이든 조금조금 아껴서 차근차근 읽어보게 됩니다. 너무 좋아요. 감사하구요. 이런 스윗 님이 있으신 안사람분도 복이 많으시지만, 스윗 님 글을 읽어보면 안사람분도 정말 이렇게 믿고 기다려주실 만큼 한결같고 믿음직한 분이란 생각이 강하게 와닿는 글이네요. 이러한 일련의 일들을 겪어도 믿음과 존경을 잃지 않고 사랑할 수 있는 사람이라면, 몇 년이라도 기다려준 보람이 반드시 있으실 거라 믿어요. 좋은 글 나눠주셔서 감사해요.

　지난번에 댓글 달아주신 걸 보며 조금은 마음이 놓였었는데 '손님'[1]을 달고 이곳에 오신 걸 보니 다람 님이 조금씩 자신의 인생 궤도의 방향을 잘 찾아가시고 있는 게 아닐까 하여 안도하는 마음이 듭니다. (주제넘은 생각일지 모르겠지만요.) 아마도 다람 님의 글 한 글자 한 글자에서 진지한 고민과 아픔 그리고 사랑이 느껴져서 유독 가슴 깊이 박혔던 것 같아요. 글의 생명력은 쓰는 사람의 몫이 아니라 읽는 사람에게서 나온다고 하지요. 저의 하찮은 글임에도 소중하게 느껴주시는 다람 님의 마음이 있기에 제 글을 좋게 봐주시는 걸 거예요.

　오늘 이곳을 찾은 다람 님의 하루는 한결 편안하고 여유로운 날이길 바랍니다. 다람 님의 내일은 오늘보다 따뜻하고, 더 많이 웃는 날이 되길 기도합니다.

　　　p.s: 좀 다른 얘기인데요. 전에도 이미 말씀드렸지만, 다람 님의 언어 감각은 정말 대단하시다 생각합니다.

・・・

1　손님: 출소자 혹은 출소자 가족을 뜻하는 오크나무 카페 용어

3.
그저 그런 안부

'잘 지내?'
'~ 잘 지내.'
'잘 지내~'

매일같이 그에게 쓰는 인터넷 서신에,
매일같이 꾹꾹 눌러쓰는 손편지에 쓰는 얘기는 결국 저게 전부다.

맛없는 밥이라도 잘 먹고 있는지
어디 아픈 곳은 없는지
혹시라도 괴롭히는 사람은 없는지.

초등학교 갓 들어간 아이를 둔 엄마도 아닌데
어엿한 성인을 인생 학교에 들여보낸 보호자의 마음인 건가.

잘 지내는지… 절실한 궁금함이,
잘 지내길! 간절한 바람이 내 하루를 지배한다.

함께 있을 땐 한 번도 주고받은 적 없는 안부, '잘 지내?'

궁금하지 않아서가 아니라 궁금할 필요가 없었던
그저 그런 저 안부가 이제는 그와 내가 주고받는 전부가 되어버렸다.

나는 '지금' 잘 지내는지를 묻지만
결코 들을 수 없는 그의 '지금' 이야기.
바로 전할 수 없는 나의 '지금' 이야기.
고작 2일, 3일의 차이일 뿐인데
좁혀질 수 없는 시차여서일까, 경험해보지 못한 시차여서일까.
이 시차가 종종 나를 서럽게 한다. 나를 외롭게 한다.

그저 그런 안부지만
내가 꼭 바라는 마음, '~ 잘 지내'.
그가 내게 꼭 당부하는 마음, '~ 잘 지내'.
오늘도 서로에게 묻고 답하고 당부한다.
굳이 묻지 않아도 알 수 있는 날이 오길 기다리며.

'잘 지내?'
'~ 잘 지내.'
'잘 지내~'

💬 오크나무 카페 댓글

Re... 우산
스윗 님 안사람분은 안에서도 참 단단해지실 것 같아요. 이런 마음이 그 안에서도 고스란히 전해져서 그 시간 동안 쌓이게 되면 단단해질 수밖에 없을 것 같아요. 저도 오늘 접견 다녀왔는데, 지난주보다 조금은 좋은 마음으로 보고 왔어요.

> **Re... sweetsorrow**
> 조금은 좋은 마음으로 다녀오셨다니 제 마음도 좋네요. ^^ 몰랐던 일상이 갑자기 주어져 허둥대기도 했지만, 그래도 나름대로 다 버텨낼 길이 보이잖아요. 우산 님 안사람분도 허리 악화 안 되시며 잘 지내시고, 우산 님도 지금까지처럼 잘 이겨내시리라 믿어요!

Re... 꿈
사람 쉽게 변하진 않지만 적어도 노력이라도 하진 않나 하는 생각을 해봅니다. 적어도 힘들게 그 힘든 역경을 이겨내며 그 안엘 다녀왔으니, 변할 것이라 믿고 또 반복된 실수를 하지 않겠노라 서로 다짐을 해봅니다.

> **Re... sweetsorrow**
> 노력하고 살다가 해이해지기도 하다가 다시 정신 차리다가 그렇게 반복해 사는 게 인생 같아요. 부끄러움을 모르고 반성이 없는 삶이 더 참담하겠지요. 설렘과 애틋함과 전우애로 사랑이 깊어져 가는 봄이네요. ^^ 좋은 말씀 감사합니다.

Re... 한마음
어쩜, 또 울리시네요. 하아~ 슬프지만 강해지렵니다. 안사람을 더 사랑해줘야겠어요. 스윗 님 안사람 행복하시겠어요. ^^

> **Re... sweetsorrow**
> 한마음 님의 밝고 씩씩한 기운이 한마음 님 오빠 마음을 한결 밝고 편안하고 유쾌하게 하고 있잖아요. 우리네 안사람들은 모두 복 받은 걸로~ ^^

Re... 한마음
전 폭풍 지랄도 엄청해요. 웃으면서 큰 소리로~ 화나면 말을 아예 안 해서 그럴 땐 안사람이 곁에 와서 여기저기 막 뽀뽀해주면서 나 사랑스럽지 않아? 하던 때가 그립네요. 그땐 "발로 쭉~ 차기 전에 떨어져" 그랬는데. ㅋㅋㅋ

4.
어쩌다
옥바라지

　지난 4개월여 동안 오크나무 카페에 올라온 여러 가지 글들을 보며 느낀 위로, 응원, 감사의 마음을 담아 몇 자 적어보았습니다. 게시판 너머에 글이나 댓글들로 자신을 표현하지 않은 분들이 훨씬 더 많이 계시리라 생각하기에 제 글이 주제넘을 순 있겠지만, 무엇보다 제 글은 항상 저 자신에게 당부하며 위로하는 마음이 가장 크기에 제 작은 이야기로만 받아주시면 감사하겠습니다.

　　세상일이 내 뜻대로 되지 않는다는 건 누구나 안다.
　　가르쳐 주지 않아도 그냥 안다.
　　그렇기에 살면서 두려움과 걱정도 늘어간다.

　　사랑을 하면, 이 사랑이 깨질까 봐
　　일을 하면, 이 일이 실패할까 봐
　　자식을 낳으면, 자식이 잘못될까 봐
　　부모가 연로하면, 건강을 잃으실까 봐
　　등등 크고 작은 일에 조금씩은 걱정을 안고,
　　하지만 또 이내 잘 잊고 산다.

그렇지만 누구도
내 부모가, 내 형제가, 내 자녀가, 내 남편이, 내 연인이
'감옥살이'를 하게 될까 봐
걱정해본 적은 없을 것이다.

판사나 검사, 혹은 변호사가 되어 재판장에 서는 꿈은 꿔봤을지언정
피고인의 가족 혹은 연인이 되어 재판정에 앉아 있을 내 모습은 상상조차 해본 적이 없을 것이다.

구치소와 교도소가 뭐가 다른지 관심도 없을뿐더러
수갑 차고 호송차에 오르는 사람들은 TV 속 인물일 뿐,
내 건너 건너 아는 지인조차 아니었을 것이다.

그런데, 어느 날부터
어쩌다 옥바라지란다.
항소, 상고, 미결, 기결, 접견, 서신, 영치, 출역 등등
수능시험에도 안 나올법한 온통 생소한 단어들이
오롯이 내 차지란다. 하….

생전 처음 겪어보는 어려움이 내게 주어졌다.
내가 한 잘못도 아닌데. 나는 한 게 없는데.
더 아픈 건
대개의 세상사 어려움과 아픔에는

안타까운 시선과 위로의 손길이 닿는데,
여기엔 냉랭한 눈초리와 비아냥거림의 말들이 따라온다.

아픈데 아프다고 말도 못 하고 서러운데 맘 놓고 울지도 못하고
세상으로부터 자꾸 움츠러들게 돼버린다.
그렇게 같은 아픔을 가진 사람들이 하나둘씩 모였다.

바깥으로 꺼내지 못한 상처를, 소리 내어 울어보지 못한 울음을 터뜨린다.
그조차 비웃는 사람들이 있다는 것 역시 알지만
그래도 지금 이 허허벌판에서 함께 울고 웃을 수 있기에 감사하다.

그러나 옥바라지는
결코 의무도, 책임도, 내 몫도 아니다.
나의 선택이다.

나의 혈연이어서, 나의 사랑이어서, 내 아이의 아빠라서 등등
제각각의 사연과 이유로 내 인생에 닥친 나의 선택이다.
그러니, 이 짐이
조금은 가벼워졌으면 좋겠다.

끝까지 지고 간다 하여 어마어마한 보상이 따르는 것도 아니요,
중간에 버리고 간다 하여 무책임한 것도 결코 아니다.

오롯이, 내가 질 수 있는 만큼만,
내 인생을 짓누르지 않을 만큼만 지고 떠나는
홀가분한 선택이길 바란다.
어쩌다 옥바라지는.

그리고 이 순간에도
옥바라지를 택한, 혹은 버리기로 한
모든 선택이
각각의 인생에 정말 잘한 선택이 되기만을
간절히 기도한다.
그리고 그러리라 믿는다.

소중하고 귀한 제각각의 인생의 끝이 정말 행복할 수 있는 선택이길….

> 💬 **오크나무 카페 댓글**

> **Re... 난초**
> 어쩌다 옥바라지, 제목이 딱이네요. 진짜 살면서 제가 옥바라지를 할 운명이라곤 생각도 못 하고 살았으니까요. 한 번씩 너무 이런 현실이 힘들고 괴롭지만 또 살아가게 되네요. 길고 긴 터널을 지나가다 보면 우리에게도 빛이 보이는 밝은 세상이 꼭 오겠죠.

>> **Re... sweetsorrow**
>> 반드시 끝이 있는 터널이라 오늘도 조금씩 빛을 만나러 가는 길일 테니 한 걸음 한 걸음 나아가보기로 해요. ^^

> **Re... 순수**
> 진정한 슬픔을 나눈다는 게, 아픔을 나눈다는 게 무엇인지 옥바라지를 통해서 배우지요. 사랑, 희망, 용기, 위로 그것도 옥바라지에서 배우지요.
> 안사람들아~ 어디에 가서 이런 옥바라지를 받아 보시겠어요. 옥바라지를 택한 게 아니고 당신을 택한 것이오~ 언능 나오시오~ 스윗 님 눈뜨자마자 글 잘 보았어요. 힘나요!
> 제일 힘든 한 주의 시작 파이팅합니다!

>> **Re... sweetsorrow**
>> '난 옥바라지를 택한 게 아니고 당신을 택한 것이오.' 너무 멋진 말이네요. 저도 그 마음으로 한 주를 시작하며 힘을 낼게요.

> **Re... 초록산**
> 읽어가는데 나도 모르게 눈물이…. 맞는 말이네요. 4년 받고 이제 겨우 7개월 옥바라지하는데 왜 이 글을 보면서 눈물이 나는 건지. ㅠㅠ

>> **Re... sweetsorrow**
>> 겨우 7개월이라니요. 옥바라지는 단 7일을 해도 기막히고 눈물 나는 기억일 거예요. 지난 7개월 수많은 감정의 소용돌이에서 중심을 잡고 버텨오시느라 고생 많으셨어요. 초록산 님만의 심지로 남은 기간도 의연하게 해내시리라 믿어요. 끝은 반드시 있으니까요.

> **Re... 내마음**
> 아! 어쩌다 옥바라지. 꿈에도 생각해본 적 없는 단어를 떠올리게 한 이 현실을 잘 살아내려 마음을 여며봅니다. 공감과 위로의 글 항상 감사합니다.
>
>> **Re... sweetsorrow**
>> 부족한 글임에도 위로받으셨다 표현해주셔서 저 역시 감사합니다. 마음을 여미고 여며도 자꾸만 칼바람이 들어오는 날엔, 너무 참지만 말고 너무 씩씩하게 버티려 애쓰지 않는 법도 우리 배워가요.

> **Re... 베리**
> 어쩜 이리도 제 마음을 잘 표현해주셨는지요. 정말 가슴으로 공감합니다. 아프다고 누구에게도 말도 못 하고 가슴 한편에 차디찬 얼음 덩어리를 안고 사는 사람들인데 눈물로써 공감합니다.
>
>> **Re... sweetsorrow**
>> 베리 님의 가슴 속 차디찬 얼음, 여기서 함께 녹이며 따뜻한 가슴을 품고 앞으로 조금씩 나가봐요. 끝이 있는 터널을 걷고 있는 우리잖아요. ^^

> **Re... 하얀눈**
> 지금까지 버텨온, 앞으로 버텨야 할 시간을 이렇게 글로 보니 위로받네요. 내 맘 알아주는 글 같아서 너무 감사합니다.
>
>> **Re... sweetsorrow**
>> 속속들이 속내는 달라도 비슷한 종류의 힘듦을 겪고 있으니까요. 글 쓰며 제 자신을 위로하고 맘 따뜻한 댓글 곱씹으며 또다시 위로받고 저 역시 참 감사합니다. 지금까지 잘 버텨오셨듯, 앞으로는 더 잘 버텨내실 거예요. 처음보단 조금씩 요령이 생겼으니까요. 그리고 처음보단 기다릴 날이 조금 또 줄었으니까요. ^^

5.
〈접견 후기〉
하늘, 봄 그리고 바람

보러 가는 길에도, 보고 오는 길에도 보고 싶은 사람입니다.
바다를 닮은 파란 하늘에 따스한 햇살이 내려앉는데 꽤 쌀랑한 바람이 벌어진 옷깃 사이로 훅 스밉니다.

눈을 마주치고, 얼굴을 직접 보고, 목소리를 생생히 듣고, 마주 보고 웃으며 따스한 시간을 보냈건만, 내 마음을 치고 들어오는 헛헛한 기운을 닮은 바람입니다. 피할 틈도 막을 틈도 없이 내 몸을 서늘하게 하고 내 마음을 얼려 오늘도 기어이 눈물을 떨구게 합니다.

그가 묻습니다. 하늘은 어때?
아무리 고개를 뽑아도 볼 수 없는 그의 하늘은 어떤 모양인지 짐작조차 가지 않아 손으로 망원경을 만들듯 아주 작은 틈으로 하늘을 한 번 바라봅니다. 그가 보는 하늘은 이만큼일까? 이보단 조금 클까? 요리조리 손 모양을 바꿔보다 이내 흐르는 눈물에 젖어 파란 하늘이 물을 머금습니다.
저렇게 뻥 뚫린 하늘인데 그에겐 허락되지 않는 하늘이 오늘은 좀 많이 야속합니다.

얼굴 보기에 바빠 그동안 챙겨보지 못한 그의 손을 오늘에야 봅니다. 짧고 두툼해도 푹신하고 보드라웠던 손에 굳은살과 거뭇한 먼지가 앉아 있습니다. "괜찮아 나 일 편해"라고 말하며 손을 이내 감추는 그의 모습에 "좀 씻고 다녀"라며 맘에도 없는 핀잔을 준 채 눈물을 삼킵니다.

그럼에도 불구하고,
매일 행복할 순 없어도
매일 감사할 순 있기에
오늘의 12분을 감사히 받습니다.
그도, 나도
건강히 각자의 삶을 살고 있어
이렇게 하늘을, 봄을, 바람을 함께 이야기힐 수 있으니
오늘도 감사합니다.

그가 있는 바로 건너 이렇게 큰 하늘이 있으니
함께 나와 마음껏 바라볼 날을 기다립니다.

💬 오크나무 카페 댓글

Re... ANN
아, 그러게요. 산책 시간이라고 해봤자 보는 것들이 한정되겠네요. 저희 커플도 항상 접견시간 13분에 감사하면서 지내요. 좋은 글 감사합니다. ^^ 편지에 밖이 얼마나 아름다운지 써줘야겠네요. 힘내서 빨리 나오게요.

> **Re... sweetsorrow**
> 앤 님 애기 님은 이렇게 사랑스러운 앤 님 보고 싶어 안달 나실 테니 탈옥만 주의시키면 될 거 같아요.

> **Re... ANN**
> 탈옥할 배짱은 없습니다. 하면 내가 끌고 다시 넣을 거 알거든요. 오히려 제가 접견실 아크릴판 부수고 싶어 해요.

> **Re... sweetsorrow**
> 아크릴 파괴본능 여기 다들 갖고 계실 것 같아요. ㅎㅎ 저를 포함해서요.

Re... 미소
같은 하늘 아래 있는데 느끼지 못하고 보지 못한다는 게 마음 아파요. 2주 전 면회 갔을 때 봄바람이 방 안에 들어오는데 봄이 왔구나 생각했대요. 저는 내일 면회 가요. ^^ 스윗 님, 고생하셨어요.

> **Re... sweetsorrow**
> 낼 예쁘게 하고 조심히 잘 다녀오셔요. 오늘 밤 잠 푹 주무시고요. 전 촌스럽게 잘 못 자서 대왕 뾰루지 달고 다녀왔어요. ㅎㅎ 미소 님 안사람께서 미소 님 보시면 제대로 맘에 봄바람 부실 거예요. ^^

Re... 우산
저도 오늘 접견 다녀왔어요. 잘 지낸다고 하는 말로 마음을 놓아야 하는지…. 잘 지내고 괜찮을 곳이 아닌 걸 알지만 피부로 느낄 수는 없으니 마음만 아프더라고요. 그래도 늘 웃어주는 안사람 보면서 다음 주에 또 올게 하고 웃고 왔어요. 시간이 빨리 흘러가길 바랄 뿐이에요.

> **Re... sweetsorrow**
> 그러게요. 하하 호호 웃고 나와서 바로 눈물 주룩. 다 괜찮다고만 하는데도 맘이 아프니. 그래도 괜찮지 않다고 하는 것보단 맘이 훨씬 나을 거예요. 저도 다음 주에 또 봐~ 하다가 가지 마~ 막 그래버렸어요. ㅎㅎ 시간이 가고 있는 것은 확실하겠죠? ㅠㅠ

> **Re... 희망가득**
> 같은 하늘 아래인데 담장이라는 것이 다른 하늘, 바람, 햇빛으로 나눠놨네요. 그럼에도 서로의 마음과 사랑은 여전히 아니 더 깊어져가네요. ♥

> **Re... sweetsorrow**
> 희망가득 님의 댓글에서 이미 더 깊어진 사랑과 믿음의 단단함이 느껴져요. ^^ 구치소 맞은편 쪽에서 바라보는데 담장이 아쉽더라고요. 힝~ 그래도 함께할 날 오고 있을 테니 희망가득 님도 저도 힘을 내보아요.

6.
평범한 사랑, 평범한 하루

나는 지극히 평범한 사람이다.
출근길 고장 난 엘리베이터 때문에
짜증을 낼지언정
멀쩡한 엘리베이터로 인해
매일 안도와 감사를 느끼는 경우는 드문
평범한 사람이다.

어쩌다 된통 걸린 감기에
끙끙대고 괴로워할지언정
아프지 않고 지내는 대부분의 나날에
감사가 넘쳐나기엔 많이 모자란
평범한 사람이다.

일상의 소중함
당연한 것들의 소중함을
깨닫게 하는 숱한 경험을 하면서도
이내 곧 까먹고 마는 평범한 사람이다.

마더 테레사처럼 인류를 품고
법정 스님처럼 무소유여도 행복할 수 있는 법을
온전한 내 것으로 만들기엔
한참 부족한
평범한 사람이지만,
내 주변의 사람들을 아끼고
안타까운 사연에 함께 눈물도 짓고
내 것을 위해 남의 것마저 탐하지는 않을 정도는 되는
평범한 사람이고
나는 그 평범함을 기꺼이 받아들였다.

그런 내가 사랑을 했다.
그런 나와 비슷하게 평범한 사람을 만나 사랑을 했다.
너에겐 나뿐이고 나에겐 너뿐이라며
설레고 애틋해하는
그렇게 서로에겐 특별한,
그러나 누구나 하는 평범한
그런 사랑을 했다.

이토록 평범한 내가
너무나 특별한 상황에 툭 떨어져버렸다.
오래된 드라마에서조차 안 나오는
온갖 고난과 역경을 이겨내고 단단해져가는 사랑 따위는
바란 적조차 없는 평범한 나인데….

역시 평범해서일까.
나는 특별한 이 상황을 특별하게 지나가는 법을 모른다.

울기도 해보고
바쁘게 날 몰아붙여도 보고
아무렇지 않은 듯 재잘재잘 얘기도 해보고
무기력한 채 누워만 있어도 보고
그렇게 하루하루를 가까스로 보낸다.

그러나 나는
나의 이런 평범함을 사랑한다.
특별한 상황조차 평범하게 이겨낼 수밖에 없는
평범함의 힘을 믿는다.
작은 공간에 갇혀
하늘 한 번 맘대로 볼 수 없고
좋아하던 축구도 볼 수 없고
내가 해준 계란찜도 먹을 수 없게 된
특별해져버린 내 사람.

그런 그의 눈과 귀와 코가 되어
비로소 보게 되는 하늘을
한 번 더 눈여겨보게 되는 꽃잎을
한 입 더 꼭꼭 씹어 먹게 되는 밥알을
고스란히 그에게 전하며 함께 나눈다.

한창 설레던 그때
정신없이 바쁜 틈에도 떠오르면
절로 미소 짓게 한 그의 얼굴이
지금도 똑같이
나의 숱한 일상에 여지없이 스며드는데
이젠 자꾸 눈물이 나는 얼굴이 되어버렸지만
환한 웃음보다는
그리움의 눈동자가 마음에 박혀버리게 되었지만
평범한 나와, 평범한 그는
늘 그랬던 것처럼
오늘 하루를, 지금 이 순간을
각지의 (달라진) 공간 속에서
서로의 이야기를 (엇갈린 시간 속에서) 나누면서
평범하게 지나간다.

그리하여 나는
오늘도 그와 함께
평범한 사랑을 하며
나의 평범한 하루를 전한다.
그럼에도 불구하고,
아주 평범한 하루가 될 수 없음 역시 알고 있다.
함께 평범해지는 날을 기다리는
특별함이 더해졌음을 모른 척할 수 없기에.
과연 평범해질 수 있을까 두려워하는 마음이

스며있음을 모른 척할 수 없기에.

그러나
특별한 방법을 모르는
지극히 평범한 나는
오늘도 그와 함께
평범한 사랑을 하며
소중한 하루를 살아간다.

하루만큼 더 다가온
그와의 평범한 내일을 기다리며
오늘도
평범한 나의 하루가 저물어간다.

💬 오크나무 카페 댓글

Re... 속삭임

가끔 와서 눈팅 하고 있는 속삭임입니다! 잘 지내시죠? 글 하나하나 자기 전 읽고 출근하면서 다시 읽어봤습니다. 제가 지금 이렇게 몸을 혹사시키면서 저 스스로를 채찍질하면서 견디고 버티고 하는 건 작년 이맘때쯤 함께했던 안사람과의 추억 때문인 것 같습니다. 하지만 한편으로 그 추억이 제게는 독 묻은 화살처럼 돌아오더라고요. 전 아직 이런 현실을 받아들이기 싫은가 봅니다. 앞으로도 종종 오크나무에 들어와서 글 감사하게 읽고 가겠습니다. 글은 안 쓰게 될 것 같아요. 한 번도 본 적 없는 누군가는 저를 싫어하는지 참 뒤에서 험담도 하나 봐요. 전 사람이 제일 무섭다는 걸 이번에 알았습니다. 제가 좋아했던 몇몇 분들은 그런 분들이 아니시길~! 항상 건강 챙기시고 sweetsorrow 님이 손님이 되신다는 글을 보게 되면 그때 다시 한번 인사하겠습니다! 행복하시길 진심으로….

> **Re... sweetsorrow**
>
> 속삭임 님, 독 묻은 화살 같은 추억, 댓글을 읽고 나서 맘이 아프네요. 익명성에 기대어 더 함부로 말하는 사람들이 있지요. 저도 전혀 생각지 못하고 있다가 어제 그 비슷한 얘기를 듣고 글 쓰는 것에 대해 조금은 두려움이 생겼어요. 사람이 모인 곳이니 모두 나와 잘 맞을 수도 없고, 나를 좋아할 수도, 내가 좋아할 수도 없다는 거 알면서도 찝찝하고 불쾌한 기분은 어쩔 수가 없네요. 진심 어린 댓글 정말 감사드리고요. 더 이상 마음 다치시는 일 없기를요.

Re... 한마음

아~ 뭐야! 지금 서신 파업 중인데 이렇게 감명 깊은 글이~ 결론은 같은 내용이지만 어쩜 스윗 님 한 구절 한 구절 매번 다르게 와닿아요. ^^ 소중한 하루 울컥하네요. 너무 잘 읽었어용.

> **Re... sweetsorrow**
>
> 결론은 같은 내용. ㅋㅋ 앗 들켰다! ㅎㅎ 그러게요. 저 맨날 같은 글만 써서 저도 안 그러려 하는데 작가가 아닌 제 한계이니 봐주세요.

Re ... 한마음

제가 표현을 글로 잘 전달 못 해서 그래요. 같은 글이어도 너무너무 좋다는 거예요. 느낌이 다 다르거든요. ^^ 글자 하나하나에 많은 감정이 담겨 있어서 같은 내용이라도 읽을 때마다 안사람에 대한 감정들이 그때그때 느껴지는 게 달라져요. 다시 한번 안사람의 지금의 심정까지도 생각하게 되고요. 그래서 안사람을 더 믿고 견디고 버티고 지킬 수 있게 되는 거 같아요. 스윗 님 짱이에요. 100점!

Re ... sweetsorrow

우와 100점이다!! 한마음 님 짱. ㅎㅎ 출역 나가면 많이들 힘들긴 한가 봐요. 서신 파업은 재충전 기간이기도 하니 한마음 님 건강, 웃음 잘 돌보세요.

Re ... 순수

분명 평범한데… 평범한 일상을 보내고 있지만, 그 평범한 일상이 절대로 평범한 일상이 될 수 없는…. 평범한 스윗 님의 평범하지 않은 글솜씨에 오늘도 감탄하고 갑니다.

Re ... sweetsorrow

순수님 댓글마다 풍기는 단정함과 따뜻함에 저 역시 항상 감탄한답니다.

▌순대와 떡볶이

카페에 글이 올라왔습니다. 교도소 수감 중인 남자친구가 순대와 떡볶이 메뉴에 오늘 행복했었나 봅니다.

늘 가까이 있는 것들이 갑자기 없으면 더 그립고 소중한가 봅니다. 순대와 떡볶이뿐이겠습니까? 봉지라면도 그럴 테고 자주 시켜 먹던 치킨도 그리울 것입니다.

사소하게 주어진 일상의 것들에 행복이 있었는데 왜 우리는 일찍 그것을 알아차리지 못하는지 모르겠습니다.

큰돈을 벌기 위해 일상의 사소한 행복들을 놓치게 되고 엄청난 기회를 찾아다니느라 바로 옆에 있는 소중한 사람들에게 소홀한 것이 우리입니다.

행운을 뜻하는 네잎클로버를 찾기 위해 세잎클로버를 마구 밟으며 찾아다니는 게 우리입니다. 세잎클로버의 꽃말이 행복이라지요. '행복'을 밟고 '행운'은 쫓아다니는 우리….

그래서 어떤 이는 지금 그 행복을 잃어버리고 그것들을 다시금 그리워하며 지내는지도 모르겠습니다. 순대와 떡볶이를 그리워하는 것처럼 말입니다.

이제 그 오빠분도 깨달았을 것입니다. 멋지고 근사한 호텔 저녁 식사를 꿈꾸는 대신 순대와 떡볶이라도 함께 먹어줄 소중한 사람이 있다면 훨씬 행복한 사람이 될 수 있다는 것을 말입니다.

오크나무

제 3 장
익숙해짐

1.
[아무 말 대잔치]
애애애애

남의 애(어머님 아들)인
당신을 애(사랑 애) 하여
나의 애(창자 애)는 끊어지듯 아프고
나의 하루는 애(슬플 애) 속에 허덕인다.

애애애애, 포애클럽, 포애버는 절대 아니된다.
투애만 하자. (단, 선택에 유의!)

> 💬 **오크나무 카페 댓글**

Re... ANN
제가 지금 뭘 본 건지는 모르지만 주워 갑니다. 한자로 써야지. 아 한자 모르려나. ㅋㅋ 이런 뻘글(?) 남친이 좋아하더라고요.

> **Re... sweetsorrow**
> 한자 찾아서 써줬는데 (그려줬는데 ^^;) 여기 옮기긴 저도 귀찮아서요. ㅋㅋ

Re... 순수
아무 말 대잔치! 아무 말이 아닌 '애, 애, 애, 애' 공감, 동감하며 웃고 갑니다~

> **Re... sweetsorrow**
> 제가 애가 없어서 포애지만 자녀가 있으신 분들은 그래도 그 애는 예쁘니까 통과~ ㅎㅎ

Re... 호프
스윗 님 글은 언제나 인사림 서신으로 들어갑니다~ 이깃도 찜!

> **Re... sweetsorrow**
> 아재 갬성이라고 놀리실지도….

제3장 익숙해짐

2.
마음속
유리 조각

아얏!
조그마한 유리 조각이 손끝에 박혀 생채기를 남긴다.
눈에 잘 보이지도 않는 작은 조각이
꽤 고약하게 손끝을 얼얼하게 만든다.

당신이 떠난 날
나의 심장에 커다란 유리 조각이 깊숙이 박혔다.
나의 심장을 짓이겨 피를 철철 쏟게 한 유리 조각은

당신이 떠난 후
매일 조금씩 부서지며 사라지나 싶었는데
산산이 깨진 작은 조각이 되어
내 몸속 어딘가를 떠돌기 시작했다.
혈관에 흐르는 핏물처럼
뾰족한 유리 조각들이 내 몸속에 떠다닌다.

어디에, 얼마나 머물러 있는지도 모르는 그 조각들은
예기치 않은 때에 불쑥 무차별적으로 나를 찔러댄다.

때론 내 가슴을
때론 내 눈물샘을
때론 내 팔다리를
너무나 아무렇지 않게 그렇게 조각들이 춤추며 덤벼대면
이내 나는 피눈물로 범벅이 된다.

혈관 속 유리 조각이 떠도는 삶은
익숙해질 듯 익숙해지지 않아
찌르는 조각에 여지없이 당하길 반복한다.
또 울고, 또 아픈데, 또 그럴 거라는 걸 아는데
그 어떤 것도 그 조각을 내 몸 밖으로 꺼내놓질 못한다.
오로시 당신밖에는.

결자해지라고 했던가!
내 가슴에 유리 조각을 박은 당신이 와서
이 조각 거두어 가주렴.
피눈물 범벅이 된 나를 닦아주고 감싸주렴.

오늘도
무차별 유리 파편 공격에
속수무책인 나는
흐르는 피눈물 고스란히 느끼며
당신의 손길을 기다린다.

내 심장을 찔러대고, 내 눈물을 터뜨리던 유리 조각을
내 마음을 쓰다듬고, 내 웃음을 터뜨려줄 솜사탕으로 바꿔줄
당신의 손길을.

> 💬 **오크나무 카페 댓글**

®... 희망가득

스윗 님, 오늘따라 유독 힘드셨을까요? 유리 조각이 어여 다 제거되는 눈물이 웃음이 되는 행복한 날 어여 오길! 힘내세요.

®... sweetsorrow

따뜻한 말씀 감사해요. 불쑥 그냥 꼭 그렇게 아픈 순간들이 있기에 끄적거려봤어요. 희망가득 님 마음 덕에 제 행복한 하루가 더 가까이 오는 것 같아요. 고맙습니다. ^^

®... 순수

마음이란 날카로운 유리 조각으로

상처 난 마음에

안사람의

부드러운 솜사탕 같은 손길로

마음이

말랑해지는 그날까지

힘내기로 해요.

®... sweetsorrow

순수 님의 멋진 댓글 항상 감사히 잘 받고 있어요. 오픈 일기도 기대합니다. ^^ 단정, 깔끔, 우아한 순수 님의 글 많이 보여주세요.

®... 개표소

안에 계신 분 어서 나오셔서 그 유리 조각 다 걷어가 주시길 바랍니다. 좋은 글 잘 읽었어요. 하… 오크 회원분들은 어쩜 천사들이 많아요.

®... sweetsorrow

좋은 말씀으로 격려해주셔서 감사해요. ^^ 지금도 안에서 열심히 걷어주려고 노력하는 모습 보면서 짠했다가 따뜻했다가 그래요. 나오면 서로 더 잘 보듬어야죠. 개표소 님의 오늘 하루는, 다음 한 주는 무탈하고 평안하시길!

3.
짧은 다짐

〈감사〉

매일매일 행복할 순 없어도
매일매일 감사할 순 있다.

〈꽃길〉

주어지진 않을지라도
만들어갈 순 있다.

〈위로〉

자책보단 격려를.
후회보단 반성을.
반성했다면 실천을.

〈두려움〉

두려움이 두려울 땐
피하는 게 아니라
마주하여 감싸 안자.

〈용기〉

넘어져도 괜찮아.
절뚝여도 괜찮아.
오래 쉬어도 괜찮아.
움직이고 있잖아.
숨을 쉬고 있잖아.
그걸로 된 거야.
지금은 그런 때일 뿐인 거야.

💬 오크나무 카페 댓글

Re... 파랑하늘
좋은 글과 각오는 오늘을 지탱하고 내일을 향하는 원동력이 아닌가 싶습니다. 지금은 어렵지만, 곧 좋은 날이 예약되어 있을 거예요. 파이팅하세요.

> **Re... sweetsorrow**
> 응원 감사합니다. 파랑하늘 님이 겪고 계신 지금의 어려움이 앞날을 최소 1조 배 풍성하게 하는 밑거름이 되리라 믿고 바라요.

Re... 세레나데
일요일 아침, 무엇인가 따뜻함과 위로를 받고 갑니다.

> **Re... sweetsorrow**
> 따뜻함과 위로로 하루를 시작하셨으니 포근하고 밝은 미소로 하루를 마무리하시길 바랍니다. ^^ 세레나데 님 덕에 저 역시 위로받네요. 감사합니다.

Re... 순수
일어나 눈 뜨면 들어오는 곳. 오크나무.

혹시
안사람들에게 무슨 일은 없었는지?
밤사이 누가 기쁜 소식을 남겨놓았을까?

오늘은 스윗 님이 멋진 마음의 글을
남겨놓으셔서~

아~! 그래 이거지. 늘 마음에 담아두고
있으면서 표현을 못 한 마음의 다짐.

스윗 님 글에 그래 이거야 하며
고개 끄덕이고 갑니다. ♡

> **Re... sweetsorrow**
> 언제나 좋은 댓글로 마음을 나눠주시는 순수 님.
> 순수 님의 마음 나눔에 늘 힘을 얻습니다. ^^
> 봄날처럼 마음도 따뜻하고, 해사한 미소 짓는 오늘 되세요.

4.
익숙한
당신

내게 세상의 빛을 안겨준 사람.
내게 세상의 아픔을 막아준 사람.

내가 아플 때
내가 슬플 때
내가 힘들 때
나보다 더 아파한 사람.
나보다 더 슬퍼한 사람.
나보다 더 힘들어한 사람.

내가 잘될 때
한없이 자랑스러워하는 사람.
내가 잘못될 때
행여 자신의 탓일까 맘 졸이는 사람.

다 괜찮다는 나의 허세를
다 알아서 한다는 나의 오만을
정말 괜찮은지

정말 알아서 하는지
굳이 따져 묻지 않으며
말없이 손 한번 잡아주는 사람.
조용히 믿음의 눈빛을 보내주는 사람.

그 마음이, 그 믿음이
너무 익숙해서
너무 당연해서
고마운 마음조차
너무 익숙해서
너무 당연해서

그냥 그렇게 존재하는 사람.
존재 자체로 힘이 되지만
그 힘 또한 그냥 익숙한 사람.
그냥 당연한 사람.

엄마 그리고 아빠
다음 생애엔
내 자식으로 태어나지 말아요.
나는 당신께
당신처럼 해줄 수가 없을 테니까요.

다음 생애엔
나의 엄마 아빠가 되지 말아요.
지금처럼
당신을 아프게 할까 두려워요.
지금처럼
숨죽여 울게 할까 맘 아파요.

오늘도
익숙한 따뜻함
당연한 믿음을
내어주시는 당신의 품에 기대어

나의 눈물이 당신에겐 피눈물이 되는 줄 알면서도
익숙한 듯 당연한 듯
그렇게 눈물 흘립니다.

그 익숙함으로 인해
그 당연함으로 인해
나의 오늘은
조금은 편안합니다.

나의 눈물을 거두어 가기 위해
기꺼이 흘려준 당신의 피눈물은
결코 당연한 것이 아닐 것이기에

나는 오늘도 힘을 냅니다.

나를 있게 해준 당신이 있기에
나의 엄마… 그리고 아빠.

💬 오크나무 카페 댓글

Re... 우산

눈물이 나네요. 오히려 처음에는 내가 무너지면 안 된다고 생각하고 이것저것 알아보면서 지내다가 이제 항소까지 끝나 긴장이 풀어져 그런지 하루하루 지날수록 더 마음이 아픈 요즘이에요. 음악만 들어도 눈물이 나고 좋은 글에 마음 다잡고 위안받고 힘 얻고 있네요.

Re... sweetsorrow

아마 그동안은 처리해야 할 일에 집중하느라 우산 님의 맘을 돌볼 겨를 없이 몰두해서 그러셨을 거예요. 이제는 지친 마음, 아픈 마음 잘 다독이고, 달래야 할 시간이 온 것인가 봐요. 지금까지 너무 잘 해왔으니 그렇게 잘 버텨온 우산 님 자신을 칭찬하고 아프고 아리고 허전한 맘도 또 그렇게 보듬고 울어도 괜찮으니, 아파도 괜찮으니, 힘 안 내도 괜찮으니 그렇게 다 그냥 괜찮은 시간 꼭 가지세요. 우산 님은 오늘도 한걸음 더 나가고 계시니까요.

Re... 우산

네 편지를 쓰면서 그렇게 우네요. 또 그렇게 울고 나면 잠도 잘 와서 한편으로는 좋기도 해요. 이제 좋은 글들 음악들만 들으면서 위안 위로 삼고 힘내보려고요.

생각보다 일찍 제 곁으로 와줄 수도 있을 테니 잘 지내고 있어야죠. 스윗 님, 늘 감사해요. 따뜻한 글로 편히 잘 수 있을 것 같아요.

Re... 세레나데

익숙함에 그 소중함을 잊어버리게 되는 경우가 많죠.

저도 그러니까요.

세상의 모든 딸들, 아들들이 그럴 거라고 생각해요.

그냥 말없이 한자리에 있어주는 사람.

그냥 말없이 믿어주고,

한동안 떠나있어도 언제라도 돌아오면 그냥 받아주는 사람.

그게 부모님이 아닌가 싶어요.

제 부모님은 아직도 너무 강하시지만, 마음만은 안 그러실 거라고 생각합니다.

좋은 글 감사합니다. 늦은 밤, 많은 생각을 하게 하는 글입니다. 감사해요.

스윗 님의 글은 항상 가슴이 아립니다. 따뜻하고요.

> **Re... sweetsorrow**
>
> 부모여도, 자식이어도, 그냥 인간은 그 자체로는 모자라고 약한 존재라 그 누구도 내 맘 같을 수는 없지만 그래도 가장 진실하게 내 맘을 느껴주시는 분들이 부모님이 아닐까 싶어요. 표현 방식의 차이로 어긋날지언정요. 익숙함을 소중함으로 여기는 매일을 사는 건 사실상 불가능한 게 역시 사람이잖아요. 저 역시 이렇게 마음을 표현한다 해도 생활 속에서 뭘 얼마나 잘하고 있을까요. 잘하진 못해도 잘하려 하는 마음으로 살면 그래도 괜찮은 인생이 아닐까 위로하는 밤입니다.

> **Re... 꽁냥**
>
> 눈시울이 붉어지네요. 곁에 계실 때 잘해야 하는 걸 알면서도 그게 잘 안 돼요. 얼마 전에 엄마가 이런 소리를 했어요. 다음 생에도 내 딸로 태어나라고…. 이번 생에 못 해줬던 거 다 해줄 거라고…. 지금도 충분한 사랑 받고 있는데… 부모님 마음은 다 같은가 봐요. 잘해줘도 더 풍족하게 해주고 싶은 마음. ㅠㅠ

> **Re... sweetsorrow**
>
> 그러세요. 서희 엄마 아빠노 내 날이어서 너무 고납나고 늘 그러셔요. 못 해순 게 많아 미안하다고. 근데 저 정말 하고 싶은 거 다 하고 다 배우고 살게 해주셨거든요. 사랑도 넘치도록 받고 너무나 많은 걸 누리게 해주셨는데도 그러시더라고요. 더 잘해줄 것만 보이시나 봐요. ㅠㅠ

> **Re... 모카**
>
> 스윗 님이 날 또 울렸어요. ㅜㅜ 막내딸의 불임, 이혼, 재혼 다 겪으면서도 혹여 내가 잘못될까 기도드리고 사위가 사업으로 외국 나갔다고 거짓말해놓고 혼자 있는 막내딸 걱정에 매일 기도드린다는 엄마 생각에 눈물이 나네요. 내가 제일 아픈 손가락이라면서 눈물 고이던 아빠. 자식은 안 낳아봤지만 자식은 부모에게 한없이 죄인인가 봅니다.

> **Re... sweetsorrow**
>
> 자식이란 존재는 평생 부모에게 벗어놓을 수 없는 짐인데도 짐이 주는 무게보다는 그로 인한 기쁨과 감사가 훨씬 크시다며 기꺼이 그 짐을 지고 가시는 부모님, 제 존재 자체만으로 그렇게 받아줄 수 있는 분들은 부모님뿐인데, 그게 당연한 게 아닌데도 자꾸 당연시 여기게 되는 자식이네요.

오크나무 카페 이야기

남자친구가 수용자 번호표를 보내줬어요

오늘 편지를 받았는데 남자친구가 편지와 함께 본인 수번표를 보냈네요. 잘 보관해달래요. 이걸 왜 보관해달라고 하지? 이런 생각이 들었어요. 혹시 수번표 보내면 뭐가 있나요? 별로 받고 싶은 물건은 아닌데….

- 어느 카페 회원

오크나무에 글이 올라왔습니다. 남자친구가 편지와 함께 수용자 번호표를 보내주었다고 합니다. 그리고 잘 보관해달라는 말도 덧붙였습니다. 아니 이걸 왜 보관해달라고 하지? 여자친구는 이상하게 생각했습니다. 별로 받고 싶은 물건도 아닙니다.

②2139

하지만 오크나무는 그 마음을 충분히 이해합니다. 전쟁에서 돌아온 군인은 자신이 낡은 군화를 벽장 속에 오래오래 보관해두기도 하고, 죽을 고비를 넘긴 등반가는 자신이 머플러를 액자에 넣어 보관하기도 합니다.

인생을 살아가다 보면
힘든 날들은 언제든지 다시 찾아옵니다.

그때를 위해 지금의 기억을 소환한 준비를 해두는 셈입니다.
그때는 이렇게 말할 것입니다.
"나에겐 더 힘든 날도 있었어! 그런데 이 정도의 일쯤이야."
하고 자신에게 용기를 주는 것입니다.

어쩌면 지금 남자친구의 마음속에는 비장한 각오가 들어 있을지도 모릅니다.

"내게 아무리 어렵고 힘든 날이 찾아오너라도, 또 어떤 유혹이 있더라도 지금 이 고통을 생각하고 이겨낼 것이다"라는 각오 말입니다. 그런 날들을 위한 준비일 것입니다.

오크나무

제 4 장
감사와 회복

1.
오크 님들을 향한 늦은 고백

오크에 글을 올리는 제 마음을 수줍게 고백합니다.
처음 이곳에 들어온 대부분의 사람들처럼
저 역시 갑자기 닥친 이 상황을 어찌 견뎌내야 하는지 막막하고 두렵기만 했습니다.

원래도 소셜미디어 관련 활동에 전혀 관심이 없던 저는
필요한 정보를 얻기 위해 어쩔 수 없이 가입했을 뿐 다른 관심은 전혀 없었더랬지요.

새싹 멤버라 볼 수 없는 자료가 너무 많아서 울며 겨자 먹기로 글을 올리고 질문을 남기고….
그런 드라이한 과정에서
이미 이곳에선 하루에도 몇 차례씩 일어나는 절박한 마음들을 또 보듬어주고 또 대답해주는 것을 보게 되며 제 마음이 이곳을 향해 열리게 되었습니다.

아니 어쩌면 정보를 핑계로 오크에 질척대며 하루를 버텼던 것 같습니다.
그러다 보니 마치 임금님 귀는 당나귀 귀 하듯

대숲에 내 속을 털어놓듯
대나무 숲이 아닌 오크나무 숲에 와
마음을 털어놓게 되었습니다.
내 맘을 알아주든 몰라주든 그건 중요치 않았습니다.
그저 내가 좀 숨을 쉬려고
내가 눈물을 맘껏 흘려보려고
그렇게 진상을 부리려 오크나무에 머물게 됩니다.

감사하게도
제가 쓴 글에 같은 맘으로 느껴주신 분들도 계셨고
그 맘을 제게 위로와 용기로 주신 분들도 계셨습니다.

그렇지만,
글을 올릴 때마다
혹시라도 내 글이 내게 주어진 복, 안사람과의 사랑, 부모님의 지지 등을 자랑하는 게 아닐까 늘 조심스럽습니다.
안사람과 단단한 믿음과 신뢰로 이 시간을 견뎌내는 분들도 계시지만, 안사람으로 인해 정신적, 물질적 피해를 입고 마음이 피폐해진 분들도 계실 수 있고, 부모님의 몰이해로 연을 끊다시피 할 수밖에 없는 분들도 계실 수 있을 테니까요.

제가 여기 올리는 주된 내용 중 그 어떤 것도 제가 잘해서 누리는 게 아니기에 더욱 그러합니다. 그저 제가 적어도 그 부분에서는 복이 있기에 감사히 누리지만, 온전히 누릴 수 없는 가혹한 현실에 아파하며 쓰는 글들이지만 그것조차 누군가에게는 사치일 수 있을 테니까요.

더구나 전문 작가도 아닌 저의 부족한 표현 때문에 도리어 마음을 다치게 할 수도 있지 않을까 주저하게 됩니다.

사실 답은 간단할 것입니다.
안 쓰고 안 올리면 그만일 테니까요.
그럼에도 불구하고, 저란 사람은 부족하고 이기적이라
제 마음을 털어놓고 숨을 쉴 곳이 필요한 지금
선뜻 놓지 못하여 이렇게 오늘도 글을 씁니다.

물론 제가 감히 이 세상 모든 경험을 아우를 수도 없고,
그래야 하는 것도 아니지만
행여나 행복을 자랑하는 걸로 받아들여지지 않기만을 바랍니다.

아마도 바깥세상의 눈으로 보면
남편 감옥살이하는데 행복, 감사 타령하는 얼빠진 노래일 텐데 이곳은 저를 품어주시니까요.

오픈 일기를 막상 저질러놓고
복잡한 마음에 힘들었는데
그야말로 일기장이니 조금 더 가볍고 편안하게 쉬었다 가렵니다.

긴 글 읽느라 고생하셨습니다.
저, 알고 보면 웃기는 여자니 그 모습도 용기가 나면 오픈할게요. ^^

손님으로 일기장을 작성할 날을 기다리며…
sweetsorrow 드림

💬 오크나무 카페 댓글

Re... 맘

스윗 님, 안사람의 십자가만으로도 버거우실 텐데, 오크 가족의 희망 바라기까지 되어달라고 하니 버거우실 테지요. 어느 곳에서든, 하물며 먹는 것도 호불호가 가려지는데요. 이곳에서도 그러겠지요. 그래도 스윗 님 글 보면서 위안받고 공감하는 저는 팬입니다.

Re... sweetsorrow

맘 님, 지난번 제게 남겨주신 글도 아릿한 눈물과 감사의 마음으로 잘 읽었어요. 그때 댓글에도 제가 마음을 전하려 노력했는데, 맘 님 마음에 잘 가서 닿았으면 좋겠어요. 오늘도 제 마음까지도 헤아려주셔서 감사해요. 제가 뭐라고 감히 오크 가족들의 희망 바라기가 되겠어요. 서로 위로를 주고받으며 힘든 시간을 저 역시 잘 헤쳐나가고 있는걸요. 제가 더 감사해요.

Re... 엄지

저도 팬에 한 표입니다. 무엇으로 든 이어져 있는 인연이기에 고통 분담을 해야지요. 외롭지 않게 오크 식구들과 같이 지고 이고 가봅시다. 그럼 도착지에 언젠가는 가 있겠지요.

Re... sweetsorrow

고통 분담이라는 말씀에 큰 위로 받아요. 이렇게 따뜻한 말씀 남겨주셔서 힘든 시간을 그래도 가뿐하게 갈 수 있는 것 같아요. 도착지에 언젠가는 가 있겠다는 말씀도 너무 기운이 나네요. 감사합니다. ^^

Re... 순수

세상 사람들의 눈으로 봤을 때는

얼빠졌다고 미쳤다고 욕할지 모르겠으나.

안사람이 건강하게 반성하며 지내는 게 그저 감사하고

이렇게 건강하게 일할 수 있음에 감사하고

안사람의 '사랑해'라는 한마디의

애정 표현에 행복하고 안사람 나올 날이

하루씩 다가오고 있음에 행복하고

감사한 게 사실인 것을….

늘 공감으로

마음에 작은 위로와 감동으로

잔잔하게 다가오는 스윗 님 글에

박수를 보냅니다. ♡

> **Re... sweetsorrow**
> 정말 그래요. 그 감사한 마음 그 안도의 마음. 그 마음을 나눌 수 있고 전할 수 있어 감사해요. 순수 님의 정제된 한마디 한마디에 저 역시 깨끗한 마음으로 치유받는 것 같아 항상 감사해요. ^^

Re... 우산

스윗 님, 제가 댓글을 잘 안 달아서 그렇지 스윗 님 글에 얼마나 많은 공감을 하고 눈물을 흘리고 했는지…. 스윗 님 말씀대로 이곳은 항상 우리를 감싸주니까요. 이 글에 담긴 스윗 님의 마음마저도 너무나 예쁜 사람이라 생각이 드는걸요. 저녁 맛있게 드시고 우리 행복하게 살아요. ^^♥ 마음 슬픈 하루하루에서도 소중함과 감사함을 느끼는 것에 이 또한 나의 복이라 생각하면서….

> **Re... sweetsorrow**
> 우산 님~ 좋은 시를 많이 읽으신 분이라 제 글 보실까 봐 너무 부끄러웠어요. ^^; 우산 님 덕에 소중함과 감사함을 느끼는 복을 깨닫게 되어 마음 충만한 밤입니다. 우산 님도 저도 오늘 하루 잘 보낸 거 감사하면서 내일을 기다려요. ^^

> **Re... 밀키**
>
> 글을 쓴다는 것은 불편한 진실 같아요. 글쓴이에 대해서나 작성한 글에 공감하든 거부감을 느끼든 읽는 사람의 몫 같습니다. 하지만 진심 어린 글이나 선의의 마음은 누군가에게 용기를 주고 믿음을 쌓고 마음의 치유를 가져다주지 않을까요.

> **Re... sweetsorrow**
>
> 글의 생명력은 쓰는 이의 몫이 아닌 읽는 이의 몫이라는 밀키 님의 말씀에 전적으로 동감해요. 제 글은 누구보다도 제 마음에 가닿고 싶어 끄적이는 것이지만, 저와 비슷한 마음을 겪는 누군가에게 함께 가닿아 같이 토닥거릴 수 있다면 감사한 일이지요. 그래서 이곳에서 마음을 나눠주시는 분들에게 참 많이 감사합니다.

2.
나는
겁쟁이다

안 그래도 겁이 많았는데
내 사람이 떠나면서 더욱 겁이 많아졌다.

잘못을 했다는데
죗값을 치러야 한다는데
어떤 결과가 나올지 겁이 났다.

홀로 덩그러니 남겨지니
생전 해보지도 않은 일들이
나랑은 전혀 상관없던 일들이
다 내 몫이 되어버려 겁이 났다.

결과도 나왔다.
내가 할 일들도 하게 되었다.
그러면 겁이 안 날 줄 알았다.

그런데 또 겁이 난다.

내 사람으로 인해 아팠을 누군가가
평생 내 사람을 원망하며 저주할까
겁이 난다.

내 품으로 무사히 돌아온 그 사람을
사회도 무사히 품어줄까
겁이 난다.

겁이 나도 좋으니
하루라도 빨리 내 곁으로 와주길
간절히 바라면서도

겁이 난다.

어쩌지….
겁이 난다.
그리하여 결심한다.
겁이 나는 채로
그냥 겁을 내면서
그렇게 살기로

이 겁마저
내 사람을 사랑하여
내가 함께 짊어질 몫으로

그냥 같이 지고 가기로.

대신
내 삶이, 그의 속죄가
평생에 걸쳐 더 겸손해지는
좋은 겁이 되기로 한다.

사는 동안 잊지 않기로 한다.
누군가의 원망을
사회의 차가움을

겁을 내이 존중하기로 한다.
겁을 내어 겸손하기로 한다.
겁을 내어 반성하기로 한다.

나는 겁쟁이다.

막막하고 두려움이 밀려오는 밤
이 막막함과 두려움이
나와 내 사람을 삶의 밝은 곳에
더 머물게 하도록
오늘도 겁을 낸다.

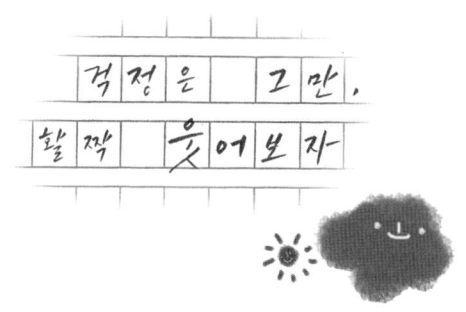

💬 오크나무 카페 댓글

Re... 세레나데

이 늦은 밤 생각이 많으시네요. 스윗 님~ 겁내도 이겨낼 수 있어요. 충분히 지금 힘들어하고 있잖아요. 견딜 수 있는 만큼만의 시련을 준대요. 그 크기는 다르지만요. 잠 못 드는 이 밤에 너무 힘들어하지 마시고 같이 힘내 보아요. 좋은 날, 행복한 날 분명 올 거니까요. 교도소에는 두 종류의 사람이 있대요. 아주 나쁜 놈과 뉘우치는 놈. 우리 안사람들은 후자이니까 힘내요.

Re... sweetsorrow

따뜻한 응원 말씀 감사해요. 제 안사람도 더 좋은 방향으로 이 시간을 잘 끌고 가고 있는 것 같아서 항상 감사해요. 없었으면 좋았을 시간이지만, 그래도 어떤 면으로는 정말로 약이 되고 힘이 되는 시간일 수도 있으니까요. 고맙습니다.

Re... 화원

스윗 님, 전 아들을 그곳으로 보낸 엄마입니다. 그런데 지금 스윗 님의 글이 왜 이렇게 맘에 다가오는지요. 너무 공감도 되고 글 한 글자 한 글자가 가슴을 후벼 파네요. 오크나무 카페 메인 글처럼 '이 또한 다 지나가리라'라는 말에 희망을 품고 살고 있어요. 스윗 님, 다 잘하고 계신 거고 누가 스윗 님을 탓하겠어요. 그저 너무 힘들어하지 않으셨으면 좋겠고 아들 보낸 엄마도 힘들게 하루하루 버티지만 다 괜찮을 거라고 그렇게 생각하고 있어요. 다 잘될 거라고 생각하기로 해요.

Re... sweetsorrow

화원 님 글 볼 때마다 저희 시어머니 마음을 생각하게 되어서 늘 맘이 저렸어요. 당신 자식 그곳에 두고 하루도 맘 편할 날이 없으실 텐데, 당신도 딸을 두신 입장이라 절 볼 때마다 미안해하시고 안쓰러워하시는 마음. 그러시다가도 행여 또 내 자식 두고 갈까 싶어 불안해하시는 마음도 다 너무 지극히 당연한 마음인지라…. 저희 어머니도 당신이 잘못 키웠나 그러시는데 제 안사람은 다 큰 성인인데 누가 뭘 잘못 키워 그리되었겠어요. 세상 어느 부모가 법을 어기라고 가르치겠습니까. 화원 님 아드님께서도 엄마께 흘리게 한 피눈물 뼈저리게 느끼고 나와서 더 잘사는 모습으로 어머니 걱정 근심 훅 덜어내드릴 거예요. 건강 꼭 챙기시고 어머니의 기도보다 강력한 기도는 없으니 아드님 반드시 잘 지내고 잘 사실 거라 믿습니다. 따뜻한 위로 감사합니다.

Re... 순수

내가 알지 못해도 되는 곳 교도소, 안사람이 가지 말아야 하는 곳에 갔으니 그것은 운명도 필연도 아닌 안사람이 만든 것이려니 받아들이고 있습니다. 안사람도 나도 힘든 시간을 보내고 있지만 피해를 봤을 누군가를 생각하면 가슴 아프고 죄스럽고 세상과 마주하기 두렵고 겁나지만 어쩔 수 없는 일이지요. 그것 또한 내가 지고 가야 하는 것을요. 저도 스윗 님과 같은 마음입니다. 스윗 님 우린 잘할 수 있을 거예요. 오늘도 어깨 쭉 펴고 파이팅~

> **Re... sweetsorrow**
> 오늘도 어깨 쭉 펴고 파이팅이라는 말씀에 구부정하게 앉아 있던 등 쫙 폈네요. 어느새 움츠러들어 오크로 자꾸 숨어드는 게 아닌가 싶기도 한데, 그래도 같이 당당하게 살아보렵니다. 저에겐 소중한 사람이고, 비록 잘못을 저지르긴 했지만, 잘못을 아파할 줄 모르는 사람은 아니니까요.

Re... 베리

스윗 님의 공감 글에 항상 마음의 위안을 얻고 또 누군가는 같은 아픔과 같은 고동을 함께 나눌 수 있다는 것에 덜 외롭다고 스스로를 위로해봅니다. 우리가 이런 공간에서 이런 글들을 쓰게 될 줄을 어떻게 상상이나 해보았을까요. 안사람 잘못 만난 죄로 결코 경험해보지 않아도 될 것, 참 별걸 다 경험해보게 되네요. 별로 유쾌하지 못한 경험들을….

> **Re... sweetsorrow**
> 상상도 해보지 못한 경험인데 다들 이렇게 겪어내고 있네요. 그래도 어차피 인생이 뜻하지 않은 일로 가득 찼으니 그런 일 중 하나일 뿐이라고 여기고 살아야겠지요. 끝이 분명한 경험이란 것만으로도 위로가 되어요. 이렇게라도 숨을 쉴 공간이 있는 것 또한 감사하구요. 마음 같이 나눠주셔서 감사합니다. ^^

3.
그런 날

아무런 이유 없이
특별한 일도 없이
그저 불쑥
보고 싶은 날이 있다.

오늘이 그런 날이다.

어제도 그런 날이었는데
그제도 그런 날이었는데

내일도 그렇겠지.

보고 싶은 그런 날이
오늘도 다가온다.
어제 그랬던 것처럼
그제 그랬던 것처럼

보고 싶은 날이다.

그런 날이다.

그런 날(day)에
그런 날(me)
만나러 와줄 날이
오고는 있는 거겠지.
틀림없이 오고는 있는 거겠지.

그 마음 하나로 버티는
그런 날이다.
오늘은 그런 날이다.
어제가 그랬던 날인 것처럼
그제가 그랬던 날인 것처럼

오늘은 그런 날이다.

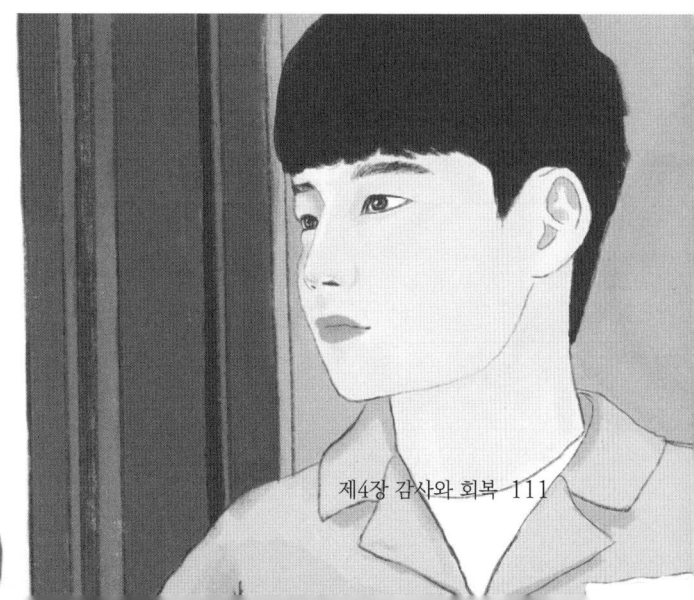

💬 오크나무 카페 댓글

Re... 찐팬

이 순간이 그런 순간이네요. 유난히 보고 싶고 유난히 생각이 많은 밤이에요. 스윗 님의 글은 언제나 감동입니다! 좋은 글 감사해요~♡

> **Re... sweetsorrow**
> 오늘만 유난한 줄 알았는데 낼 되면 또 유난하고 그렇게 무한 반복인 것 같아요.

Re... 순수

그런 날에
그런 나를 만나러 와줄 그 사람은
몸도 마음도
더 멋지게 변한 모습으로
나를
만나러 나올 준비를 하느라
시간이 좀 더 필요한가 봅니다.

환하게 웃으며 만날 그날이
그런 날이 그런 나에게 빨리 오길
기다려봅니다.

> **Re... sweetsorrow**
> 더 멋지게 변한 모습으로 나를 만나러 나올 준비를 하느라 시간이 좀 더 필요하다는 말씀…. 제 안사람이 제게 해주는 말이기도 해서 맘이 쿵 했어요. 함께 잘 버티다 보면 그런 날이 그렇게 다가오겠죠.

Re... 맘

스윗 님, 봄은 봄인데 삭막한 마음에 생기를 불어넣어주는 예쁜 글에 다시금 힘을 내어봅니다. 안사람에 대한 원망이 스윗 님 글을 보면서 조금씩 씻겨가는 중입니다. 치유 중….

> **Re... sweetsorrow**
> 원망도 사랑의 일부일 수 있다고 생각해요. 함께할 인생에 대한 기대와 약속이 무너졌는데 어찌 원망이 없겠어요. 그래도 같이 다시 쌓아갈 희망과 믿음이 있는 상대라면 기다려볼 만하지 않을까 합니다.

> **Re... 설야**
> 스윗 님 글에 처음 댓글 다는 것 같네요. 매일 돌고 돌아가는 물레방아 같은 그런 날들이죠. 우리 끝이 있겠죠? 기운 냅시다. 저 스윗 님 글 눈팅 하면서 힘 얻고 단단해지고 울고 웃어요. 좋은 글 너무 감사드립니다.

> **Re... sweetsorrow**
> 따뜻한 댓글 감사드려요 ^^ 설야 님 댓글에 저도 힘을 얻고 단단해지고 웃게 되네요. 화창한 주말, 우리 맘도 함께 밝은 기운 넘치는 주말이 되도록 해요. ^^

4.
뒷모습

매일 밤
나를 바래다주고 돌아서는 당신의 뒷모습에
한없이 애틋하고 설레고 아쉬웠던 적이 있다.

그 뒷모습이 주는 애틋함을 견딜 수 없어
각자의 집이 아닌 우리의 집에 함께하게 되었다.

매일 아침
일상의 무게를 짊어지고 나가는 당신의 뒷모습에
한없이 고맙고 안쓰러워
오늘 저녁은 뭐를 먹을까 고민했던 적이 있다.

어떤 주말
실컷 싸우고 돌아서는 당신의 뒷모습에
한없이 분하고 울컥하여
신고 있던 슬리퍼를 뒤통수에 던져버리고 싶었던 적도 있었다.

그렇게 내게

벅찬 웃음과 짠한 애잔함과 깊은 분노를 안겨다 주던
당신의 뒷모습이 이젠….

눈을 감아도 사라지지 않는
흘러내리는 눈물에도 씻기지 않는
아프고 아픈 모습이 되어버렸다.

행여 내가 아플까
내게 보이지 않으려 뒷걸음질하며
먼저 가라 손짓하며
그렇게 끝끝내 안 보여주려는 뒷모습인데도
기이이 내 눈에 박혀비리는
당신의 뒷모습.

행여 당신이 아플까
뒷걸음질하며 하트를 날리며
그렇게 가면서도
결국엔 돌아서는 나의 뒷모습도
당신에게 그렇게 박혀 있겠지.

길을 가다
당신을 닮은 뒷모습에
당신일 수 없음을 알면서도
여전히 멈춰 서게 되는

참으로 어리석은 나는

익숙해지지도 않고,
익숙해지고 싶지도 않은
코발트빛 처진 어깨의
당신의 뒷모습에
당신을 만나러 갈 때의 설렘은
산산이 조각나고
오늘도 무너진다.

애틋함에 달려가 안을 수도,
속상함에 후려칠 수도 없는,
낯선 당신의 뒷모습.
한없이 움츠러든
어색한 당신의 뒷모습.

언제쯤이면, 언제쯤이면
가슴 시린 뒷모습이 아닌
가슴 벅찬 뒷모습으로
그저 따뜻한 뒷모습으로
당신을 바라볼 수 있을까.

보고 싶다.
내가 알던 당신의 뒷모습
사무치게….

💬 오크나무 카페 댓글

Re... 세레나데

이렇게 천둥 번개까지 치는 밤에 이렇게 가슴 절절하게 꽂히는 글을 남기시면 우짜라고 그러신대요. ㅜㅜ 그리워하고 보고 싶어 하고, 사랑하고, 기다리는 상대가 있다는 것만으로도 감사하다 생각하며 잠들어야겠네요. 그 뒷모습마저도 사랑할 수밖에 없는 우리들이잖아요. 사랑해서 사랑하는 게 아니라 사랑할 수밖에 없어서 사랑하는 거…. 빗소리에 오크 님들 잠 설치지 마세요. 저처럼요.

Re... sweetsorrow

세렌 님~ 세렌 님이 안사람에 대해 쓰신 글을 볼 때면 사려 깊음과 애절함이 녹아 있어 늘 제 맘도 함께 시려요. 그런데 정말 세렌 님 말씀처럼 보고 싶고 사랑하는 사람이 있다는 것만으로도 얼마나 축복받은 일인지요. 비록 지금 겪는 시간이 영광스러운 시간도, 자랑스러운 시간도 아니지만 서로의 존재에 대해 더 감사하게 되는 시간이 된다면 또 다른 의미로 우리의 삶에 소중한 시간이 되는 게 아닐까 싶어요. 결코 버리는 시간은 아니리라 믿어요. 오늘도 하루 종일 비가 내리는데 오늘 밤은 푹 잠 하시길….

Re... ANN

물론이죠. 그 어떤 시간도 곁에서 함께하겠다 약속했으니까요. 안사람이 먼저 놓지 않는 한 저는 끝까지 곁에 있을 거예요. 님도 마찬가지겠죠. 이 힘듦의 시간이 있는 것조차도 무언가 의미가 있을 거예요. 일어나는 일들은 다 이유가 있더라고요. 일어날 일은 어떻게든 일어나는 것 같아요. 바로 앞에 일을 알면 누가 아등바등 살겠어요. 모르니깐 현실에 지금 주어진 시간에 최선을 다하는 것뿐이죠. 지금의 이 시간이 헛된 시간이 되지는 않게, 적어도 후회로 남지는 않게 최선을 다하려고요. 비가 계속 내리는 주말, 힘내서 다가오는 월요일 맞이하게요. 아자 아자~ 파이팅~!

Re... 소망

ㅜㅜㅜㅜ 며칠 전엔 깊은 분노, 또 며칠 전엔 아프다고 걱정을 시키고 있답니다. 왜 이리 내 마음을 편히 내버려두지 못하는 걸까요.

> Re ... **sweetsorrow**
>
> 마음을 편히 내버려두지 못하는 게 사랑인가 봐요. 따지고 보면 여기 계신 오크 분들 모두 (가족이라 할지라도) 안사람과 일방적으로 끊기에 딱 좋은 상황이잖아요. 오히려 그렇게 해라 부추기는 사람들도 있을 정도로요. 그럼에도 불구하고 여기 이렇게 모여 아파하다 화를 내다 지쳐 하다 안사람 편지 하나에 눈물 펑펑 쏟고 마음이 녹아내리길 반복하며 이 시간을 견뎌내는 거 그게 그냥 사랑인 것 같아요. 상황상 여전히 걱정되는 마음이시겠지만 특히 주말은 우리가 할 수 있는 게 없으니 ㅠㅠ 내일 잘 처리하자 마음 다지시면서 오늘은 좀 편히 지내시는 하루가 되시기를!

> Re ... **설야**
>
> 하… 비 오는 새벽에 눈이 시큰시큰해지네요. 익숙해질 만한 데도 왜 익숙해지지 못하고 아직까지도 어색하고 어제와 같은지요. 아직도 문을 열고 돌아올 것 같고, 전화하면 받을 것 같은데, 1년이 지나도 무뎌지지 않네요. ㅠ 다들 같은 마음이시겠죠? ㅠ

> Re ... **sweetsorrow**
>
> 무뎌지지도 않고 무뎌질 수도 없는 것 같아요. 다만 그냥 그 마음을 끌어안고 사는 것에 조금 더 익숙해질 뿐이고요. 시간이 약이라는 건 무뎌져서가 아니라 마치 처음 무릎이 까지면 아프기만 하고 울기만 했는데 엄마가 붙여준 반창고와 약을 바르는 법을 배우고 난 후 나중엔 혼자 넘어져도 혼자 약을 바르고 반창고를 붙일 수 있는 것처럼 시간을 약으로 삼아 아픈 마음에 덧대는 법이 있다는 걸 알 뿐이지 마음이 다치지 않는다거나, 약을 바르자마자 낫는다거나 그런 건 아닐 테니까요. 오늘도 하루가 가니까 설야 님의 이 칠흑 같은 어둠의 나날도 하루 지나간 셈이니 저 멀리 아주 작은 불빛이 환하게 들어올 그날이 틀림없이 있으니 기운 내 보아요.

> Re ... **추억**
>
> 정말 구구절절 가슴에 와닿는 글이네요. 제 마음이 우리 마음이 다 저렇겠지요? 감사합니다.

> **Re... sweetsorrow**
> 서로에게만은 너무나 특별한 모습일 테니 각자의 마음속에 박제된 그 뒷모습은 떨쳐내기 어려울 것 같아요. 이슬비 그 모습마저 우리에겐 소중하니까요. 소중하긴 해도, 이런 뒷모습은 더 이상 보지 않아도 될 날이 하루빨리 왔으면 좋겠네요. 그죠? ㅠㅠ

> **Re... 알럽**
> 정말 글의 힘은 대단한 것 같아요. 어떻게 우리가 느꼈던 그때의 슬프고 애틋한 감정들을 이렇게 멋진 글로써 녹아내릴 수 있게 하는 건지. 정말 스윗 님 능력 대단하세요. ㅠㅠ 글 읽고 그냥 제 남자친구가 너무 보고 싶었어요. 그리고 또 그때의 접견했던 잔상이 제 머릿속에 그려지더라고요. 스윗 님 이런 심금을 울리는 글 올려주셔서 정말 감사해요. 오늘 하루도 잘 보내시고 주말 예쁘게 마무리하세요. ♥

> **Re... sweetsorrow**
> 알럽 님 정성스레 댓글 남겨주셔서 감사해요. ^^ 저도 그 뒷모습이 늘 맘이 좀 그랬는데, 알럽 님이 올려주신 글 덕분에 좀 더 생각하게 되었어요. 근데 사실 원래 이 글 말고, 좀 더 좋은 문장이 막 떠올라서 열심 기억했는데 (그때 병원에서 치료 중이라 적지를 못함) 나오니까 내용은 비슷한데 그 문장이 정말 생각이 안 나는 거예요. 그래서 안 쓰려다가 결국 요렇게밖에 못 썼어요. 아쉽 아쉽~ 알럽 님도 알럽 님 안사람도 정말 건강하고 좋은 관계로 예쁜 사랑 하시는 것 같아서 늘 응원하게 되어요. 우리의 미래는 아무도 알 수 없지만, 분명한 건 두 분 모두의 인생에 서로가 참 감사하고 복된 인연이라 생각해요. 하루빨리 더 마음껏 서로 아끼고 사랑할 수 있는 시간을 누리실 수 있길 열렬히 응원할게요.

오크나무 카페 이야기

착한 사람도 범죄자가 될 수 있다

정말 진짜 내 남편이지만 좀 모자라나 싶은 생각이 들 정도로 일 시킨 사람을 믿었고, 이게 보이스 피싱 돈을 전달하는 심부름인지 꿈에도 몰랐다고 해요. 피해자들을 고객이라 얘기하면서 정말 열심히 했거든요. 지나고 보니 전부 바보 천치였던 거죠.

- 카페 회원

보이스 피싱 범죄자가 되어 구속된 남편의 아내가 카페에 쓴 글입니다. 이런 글들은 카페에 수도 없이 많습니다. 피해를 보는 사례도 있습니다. 작은 친절에 속아 큰돈을 빌려주고 받지 못한 경우도 있었습니다.

쉽게 돈을 벌 수 있다는 말에 얼마의 돈을 투자했다가 모두 잃어버린 사람도 있었습니다. 간단한 일을 도와주면 사례를 하겠다는 말에 속아 금전 사기를 당한 사람도 있었습니다.

조금만 방심하면 범죄자가 되고 범죄의 피해자가 되는 것이 현실입니다. 착한 마음을 가진 사람일수록, 다른 사람의 말을 잘 믿는 사람일

수록 범죄자가 되고, 피해자가 될 확률은 훨씬 더 커집니다.

믿고 신뢰하는 마음은 분명 좋은 것이지요. 하지만 경계해야 할 것이 있습니다. 어려울 때일수록 직관적으로 판단하지 말고 이성적으로 판단해야 합니다. 직관은 빠르고 낙천적이지만 이성은 느리고 회의적입니다.

직관과 이성이 조화로울 때 우리는 가장 올바른 결정을 할 수 있습니다. 어려운 사람일수록 감정적으로 도우려 하지 말고 이성을 조화시켜 판단해야 합니다. 감정은 서둘러 일하라고 말하지만 이성은 언제나 우리에게 신중하라고 이야기해줍니다. 결코 어려운 일이 아닙니다.

이성이 일할 수 있는 잠깐의 시간만 더 기다려주시면 됩니다. 순진하고 착한 사람이 범죄자가 되는 것이 안타깝습니다. 따뜻한 감성을 가진 사람이 사기의 피해자가 되는 것이 안타깝습니다.

그래서 오크나무가 여러분에게 말하고 싶습니다. 착하고 따뜻한 마음은 가지고 계시되 이성이 생각할 수 있는 잠깐의 시간은 기다려주십시오. 그것이 바로 범죄자가 되지 않을 신중함입니다.

오크나무

제 5 장
기적 같은 하루

1.
위로, 하지만 피로, 그래도 감사

옥바라지를 시작한 이래 저의 일상이 되어버린 오크나무에서 시간이 지나면서 자연스럽게 저도 이런저런 마음의 요동이 있습니다.
오늘은 오크에 느끼는 요즘의 제 마음을 적어보았습니다.
이 또한 변해갈 테지만요.

위로, 하지만 피로, 그래도 감사

- 오크나무에게

위로를 받으러 왔다가
피로를 느낀다

그저 나무 그늘에 앉아 쉬고 있었을 뿐인데
앉은 모양새가 맘에 안 든다 타박을 받는다

나처럼 힘들어 보이는 이 있어
그저 그 눈물을 닦아주고자
내가 내민 손수건이

누군가에게는 채찍이 되어버리기도 한다니…
내 맘이 한없이 움츠러든다

겨우 숨을 쉴 수 있어서
모처럼 어깨를 펼 수 있어서
하루가 멀다 하고 찾아와
부둥켜안던 나의 나무가
자꾸만 시들어간다

이 또한
제대로 위로할 줄 모르는
제대로 위로받을 줄 모르는
나의 모자람이겠지

그럼에도 불구하고
그 모자람마저 감싸주는
너른 나무 그늘을 바라는
나는 여전히 모자란 욕심쟁이

지친 자의 눈물을
아픈 자의 비명을
외면하지 못하는
나는 여전히 주책없는 오지랖쟁이

조금만 참으면
조금만 기다리면
이 숲을 아프고 지친 마음이 아닌
감사하고 따뜻한 기억으로
조용히 바라볼 날이 오겠지

이 숲을 거쳐 간 수많은 마음처럼
내게도 그런 날이 꼭 오겠지
꼭 오겠지

위로를 받으러 왔다가
피로를 느꼈을지언정
사실은
감사를 느꼈던 날들이 더 많았음을
기억하는 그런 날이

내게도 그런 날이 꼭 오겠지
꼭 오겠지

💬 오크나무 카페 댓글

Re)... 세레나데

가슴이 미어지는 글들이네요. 요 며칠 진짜 힘들었거든요. 회사 코로나 확진자로 인해 저도 코로나 양성 확진으로 2주 격리 생활, 휴~ 안사람은 자기 없을 때 일 터졌다고 미안해하고 손편지, 접견 다 못하는 제 마음은 더 죽을 맛이었어요. 오늘 드디어 격리 풀리고 풀리자마자 접견 가요. 스윗 님의 글 눈물 쏟아내게 하는 거 읽으며 차에서 맘 편히 울었네요. 접견 가서 안 울고 올 수 있겠죠.

> **Re)... sweetsorrow**
>
> 어머나 세렌 님, ㅠㅠ 진짜 고생하셨네요. 몸은 이제 괜찮으신 거죠? 괜히 더 서럽고 답답하고 속상하겠어요. ㅠㅠ 접견 가서는 우시더라도 반가움의 눈물일 거예요. 울면 좀 어때요. 같이 우는 내 편 앞인걸요. 몸조리 잘하시고, 접견 잘 다녀오셔요!

Re)... 설야

그런 날이 오겠죠?
꽃피는 봄날이요
그런 날이 오겠죠?
내 임 손잡고 흩날리는 꽃잎 바람 맞으며
지나온 일들 가슴속에 고이 접어
나빌레라 바람 속으로 홀가분하게
보낼 수 있는 그런 날이….

또, 글을 읽으며 위로를 받고,
또다시, 저는 감사를 살포시 남기고 갑니다.
웃어볼게요. 울지 않고….

> **Re)... sweetsorrow**
>
> 설야 님 따뜻한 글에 저도 꽃잎 바람 안사람과 함께 담뿍 맞을 날을 기쁘고 감사하게 기다릴 용기가 생기네요. 고맙습니다.

ⓡ... 엄지

늘 위로되고 가슴으로 안아주는 느낌이랄까요. 한 줄 한 줄 가슴에 설움을 실어 나도 모르게 울게 되네요. 어찌 모든 이가 절 위로해주겠습니까? 스윗 님 글을 읽고 위로받은 오늘 전 그래서 감사합니다. 얼마 남지 않은 가석방 그런 기대가 지금 더 서로를 너무 힘들게 하네요. 기대라는 게 그런 것인가 봐요. 자꾸 마음이 나빠지려고 하고 아무튼 날이 줄어들수록 더 조바심이 나네요….

> ### ⓡ... sweetsorrow
> 그 조바심 너무나 당연한 마음일 것 같아요. 여기 그 누구도 가석방 기다림 앞에 초연할 수 없을 것 같아요. 그래도 지금까지 잘 버텨오신 것처럼 남은 시간 더 잘 해내실 수 있으실 거예요. 행복한 기다림 응원하고 좋은 결과 함께 기다립니다. 고맙습니다.

ⓡ... 개표소

저도 어제는 좀 마음이 그랬는데, 댓글도 조심해서 달아야겠다는 생각도 들고 심란했습니다. 그래도 스윗 님 비롯해서 여러 회원분의 따뜻함이 묻어나는 위로의 글들로 힘을 얻고 있는 사람 중 한 사람이어서 늘 감사한 마음입니다.

> ### ⓡ... sweetsorrow
> 저 역시 부족한 글임에도 함께 느껴주시고 따뜻한 말씀 남겨주시는 분들 덕에 힘을 얻고 항상 감사합니다. 모두 안 좋은 상황에 있지만 좋은 마음으로 이 시간을 잘 버텨내고 싶어요.

2.
격리 천국
고립 지옥

오늘은 두서없이 그저 제 얘기를 적어보려 합니다.
그야말로 오픈 일기니까요. ^^

3개월 장기 출장차 해외에 와서
오늘로 열흘째 격리 중에 있습니다.
이 어려운 시기에 일에 있어서 큰 지장 안 받고 오히려 좋은 기회까지 주어져 큰 행운이라 정말 감사히 여기면서도, 안사람을 두고 떠나야 하는 상황에 섣불리 결정을 내릴 수 없었습니다.

출장 제의를 거절할 수도 있는 입장이어서 끝까지 고민했지만, 안사람이 옆에 있었어도 잡았을 기회라는 생각에 마음은 무겁지만 용기를 내어 왔습니다. 안사람은 도리어 일을 못 하고 있는 자기 때문에 제가 해외까지 가나 싶어 몹시 미안해했지만, 그건 분명히 아니었습니다.

결정 전, 3개월이라는 시간에 대해 대부분의 사람이 이렇게 말했습니다.
"3개월 금방이야." "3개월 후딱 가지." "겨우 3개월인데 뭘."
맞는 말이지요.

누가 3개월 정도 경력에 좋은 기회와 조건을 받고 해외 출장 간다고 하면 저라도 그렇게 말할 테니까요.

언젠가 여기에도 쓴 적이 있지만
('아직'과 '벌써'의 경계에서)
그 글을 쓴 지 제법 시간이 지난 지금도 여전히
세상에서 지내는 시간과
안사람을 기다리는 시간 사이의 시차는 조금도 줄어들지 않습니다.

3개월,
형을 3개월이라도 덜 받는다면 뭐든 다 할 것 같았는데
그 3개월을 위해 얼마나 동분서주하며 맘을 졸였는데
가석방을 3개월 받는다면 그 상상만으로도 세상 너무 큰 행운을 다 가진 것 같은 그런 기분인데
옥바라지 3개월은 일상과 병행하기엔 해도 해도 익숙해지지 않는 아픔인데
너무나 절실한 3개월인데….

일반 접견도 할 수 없고 손편지도 매일 보낼 수 없는
무엇보다 안사람 소식을 매일 들을 수 없는
이 3개월은 어떻게 흘러갈까요?
그래도 그나마 인사라도 매일 보낼 수 있고,
스마트 접견이라도 할 수 있어 마음의 짐을 덜었지만
여전히 개운치 못한 마음입니다.

격리를 시작하기 전
어쩌면 조금은 안사람의 심정을 헤아릴 환경이 아닐까 잠시 생각해보았습니다.
아무도 없고, 주는 밥 먹고, 나가지도 못하는 그런….

그런데 너무나 미안하게도 그리고 아이러니하게도
격리는 제게 간만의 휴식과 평안을 주었습니다.
이내 적응하고 격리 중에도 다시 바빠지자
제가 얼마나 제대로 쉴 줄 모르는 사람인지도 알게 되었고요.

나의 격리는 평화인데
그의 고립은 두려움이었겠지.

나의 창문은 바람, 햇살을 안겨주는데
그의 창문은 한 줄기 빛조차 희미하게 들어왔겠지.

나의 밥은 룸서비스로 골라 먹고 모아서 밖에 내놓기만 하면 되는데
그의 밥은 정체를 알 수 없는 음식에 설거지까지 해야 했겠지.

나의 소식은 와이파이를 통해 사방으로 닿아 있는데
그의 소식은 내가 보내는 인터넷 서신 하나에 겨우 세상과 통하고 있겠지.

격리 천국 고립 지옥.

이렇게 우리는 같은 듯 너무 다른 시간을 또 보내고 있겠지요.

그래도 또 그렇게 두려움과 걱정을 안고 떠난 지 열흘이 흘렀습니다.
90일 중 10일이니 10% 넘게 흘러갔네요.
각자의 자리에서 할 수 있는 최선을 다해 열심히 사는 것만이 이 시간을 귀하고 지혜롭게 보내는 것이라 믿기에 슬프고 답답한 마음보다는, 감사하고 성실한 마음으로 오늘을 보내려 합니다.
어쩔 수 없이 안 좋은 날들 속에 있지만, 그래도 덜 안 좋은 날들로 만들 수는 있을 테니까요.

💬 오크나무 카페 댓글

Re... 우산

저도 안사람에게 처음 연애하고 군대 보냈을 때처럼 많이 그립고 보고 싶다고 하면서 이런 마음이 어쩌면 행복한 지옥에 사는 것 같다고 한 적이 있어요. 건강 챙기면서 잘 지내시다 보면 곧 좋은 소식을 안고 귀국길에 오르실 거예요.

> **Re... sweetsorrow**
>
> 우산 님! 그래도 덕분에 소통의 길도 확보하고 얼마나 감사한지 몰라요. 서로 더 애틋해지고 더 단단해지는 시간이 되는 건 맞는 것 같아요. 지금이 인생의 끝이 아니고, 이 수렁이 앞으로 내디딜 땅을 더 단단하게 해주리라 믿고 그렇게 하루하루 만들어가면서 살아가면 되겠지요. 우산 님 소식도 아까 읽었어요. 마음 내려놓고 지내기 쉽지 않으시겠지만, 우산 님도 우산 님 안사람도 잘 해내실 거예요. 좋은 소식 오리라 믿고요. 건강히 잘 계세요.

Re... 산소

저는 안사람 들어가고 그에게 나름의 휴식시간이 되길 바라기도 했습니다. 밖에 있는 전 스스로 고립시키게 되더라고요. 조금의 생각을 바꾸면 이 또한 현명하게 헤쳐나갈 수 있음을 느끼기도 했습니다. 스윗 님 글 보면서 그때의 감정이 생각이 나네요. 건강하게 출장 잘 해내세요.^^ 스윗 님 글 기다리겠습니다. ♥

> **Re... sweetsorrow**
>
> 와인요정 산소 님! 안사람에게 나름의 휴식 시간이라 말씀하시니 코끝이 찡해지네요. 나름대로 살아보겠다고, 좀 더 잘해보겠다고 한 일들이 이리 만들기도 하는걸요. 어떤 이유로든 안사람이 그곳에 있다는 사실만으로도, 아무리 내 마음에 안사람을 믿어도, 바깥에서 당당하게 위축되지 않기란 힘든 것 같아요. 제가 그럴 만한 그릇은 못 돼서겠지만요. 그렇지만 어쨌든 벌어진 일이고, 겪어내야 하는 상황이고 평생 움츠리고 살 수 없으니 이 시간이 안사람에겐 지친 삶의 휴식을, 나에겐 고된 삶을 이겨내는 강인함을 배우는 시간이 되도록 하려고요. 좋은 말씀 감사드려요. 산소 님도 건강히 잘 지내셔요. ^^

ⓡ... 순수

격리가 천국이라니요?

스윗 님께 쉼이 필요했었던 것 같네요.

일 잘 보시고

건강하게 돌아오세요.

바쁘시더라도 시간 내셔서 마음을 움직이게

만드는 멋진 글도 가끔씩 올려주세요~ ^^

ⓡ... sweetsorrow

순수 님! 요즘은 저도 지쳤는지 글감이 떠오르질 않더라고요. 옥태기가 아니라 오크태기가 온 듯해요. ㅎㅎ 순수 님도 요즘 잘 안 보이셔서 맘으로 그리워하고 있어요. 닉네임처럼 단정, 깔끔, 정갈한 순수 님의 글 너무 좋아하는 거 아시죠! ^^

ⓡ... 추억

스윗 님 안사람분 걱정보다 스윗 님 출장길 건강 챙기시고 잘 다녀오세요. 스윗 님 글은 언제나 진리입니다. 가슴에 꽂히네요. 감사합니다. 요즘 심경에 큰 위안이 되네요.

ⓡ... sweetsorrow

저번에 맘 힘들어하시는 글 읽었는데 맘이 먹먹해서 답을 못 달았어요. 남들보다 오래 묵묵히 감내하시는 분들일수록 그 에너지가 정말로 소진했을 때 더 이상 해볼 도리가 없을 수밖에 없기에…. 제가 추억 님의 삶을 감히 알 수 없지만 어떤 일도 허투루 섣불리 결정 내리실 분 같지 않아서 맘이 참 더 아리더라고요. 고단한 삶 성실하게 살고 계신 추억 님 응원해요. ^^

ⓡ... 추억

항상 스윗 님 글을 읽노라면 많은 생각을 하게 되고 참 정적이고 차분하신 분이라는 생각이 들어요. 깊이가 있으신 분이라는 느낌이네요. 저는 내려놓고 비우고 있어요. 신기하게 잠도 조금 자고 생각보다 잘 지내고 있어요. 저도 사업체가 외국에 주로 있어서 백신 맞으면 다시 나가고 싶어요. 제 자신에게 그런 핑계라도 대서 저를 합리화하고 싶어요. 스윗 님 해외 출장 동안 건강 챙기시고 안사람보다 스윗 님 생각을 먼저 하세요. ^^

Re... 호수

3개월의 출장 잘 다녀오세요. 무사 귀국! 그래도 스마트 접견이라도 있어서 너무 다행이에요~ 인터넷 서신도 그렇고. 우리들의 안사람도 반성 많이 하고 곧 나올 거예요. 시간은 오늘도 흐르고 있으니까!

> **Re... sweetsorrow**
> 네~ 얼마나 어리석은 짓을 저지른 건지 하루하루 깨달으며 앞으로의 인생에 큰 지지대가 되리라 믿어요.^^ 무사 귀국 기원해주셔서 감사합니다.

3.
시간은
해결사가 아니더라

처음엔 그랬다.
이런 일은 처음이라
이렇게 아득한 걸 거라고.

대부분의 일이 그러하듯
시간이 해결해줄 거라고
누구에게나 공평하게 흐르는 시간일 거라고.
그렇게 마음을 다잡았다.

시간이 흘렀다.
처음이 아닌 많은 일이 생겼다.
인서, 접견, 영치 등등
익숙하다 못해 능숙해질 지경이다.

그럼에도 불구하고
불현듯 찾아오는 아득함.
무뎌진 줄 알았던 상처가 다시 툭 터지는 아릿함.
곧 만날 거라는 기대감을 무색하게 하는

펼쳐질 미래에 대한 두려움.

또 그렇게 처음 경험하는 먹먹함이
때때로 마음을 갉아먹는다.

시간이 흐른다.
시간이 해결해줄 거야, 라는 말에 기대어
또다시 힘을 내본다.

그래도
그 처음의 아득함보다는
홀로 버터야 했던 아득함보다는
함께 나와 버텨낼 막막함이니
조금은 나은 거 아니겠냐며
다시 마음을 다진다.

때론 무너져도 된다고
때론 울어도 된다고
때론 잠시 쉬어도 된다고
때론 원망해도 된다고
나를 달래본다.

끝이 있는 기다림이다.
설령 그 끝에 함께 서 있지 못한다 할지라도

누구의 잘못도 아닐 것이다.

오늘도 조용히 시간을 흘려보낸다.
다시 묵묵히 내 시간을 산다.
나의 시간을 살아내는 것
오롯이 그것에 집중한다.

시간이 해결해주진 못한다.
그렇지만
시간은 내게
기회를 준다.

그리하여 오늘도 나는
그 기회를 감사히 여기며 이 시간을 살아간다.
함께할 그 시간이 다가옴을 기다리며….

담장 너머 나의 사람에게 전한다.
당신의 시간을 잘 버텨내달라고
나의 시간엔 그렇게 당신을 간절히 응원하는 것도 포함되어 있다고
그러니 꼭 잘 이겨내달라고.
당신이 오늘도 잘 이겨냈으리라 믿기에
내 기도의 시간이 아깝지 않다고.

시간이 간다.

여전히 난 '벌써'와 '아직'의 시차 부적응의 세계에 살고 있지만
시간은 공평하게 흐르고 있다.
오늘도 하루가 간다.
하루만큼 내 그리운 사람이 다시 돌아올 날이 다가온다.

시간이 아무것도 해결해주지 못했지만
시간은 가주는 것만으로 그 임무를 다함을 이제는 안다.
시간이 임무를 다하므로
나도 내 임무를 다하며 시간을 맞이하련다.
끝이 있는 기다림의 시간을

💬 오크나무 카페 댓글

Re... 맘

맞아요, 저 이제 시작이에요. 다섯 달 반이 지났지만 여전히 매일 울고 이제야 살이 빠지고 여기저기 아프기 시작해요. 괜찮다고 아무 생각 안 하고 옥바라지로 밤잠 안 자고 버티다 보니까 이제야 여기저기 고장 나기 시작했어요. 이놈의 옥바라지는, 안사람의 부재는, 적응되지가 않네요.

> **Re... sweetsorrow**
>
> 그러게요. 하루하루 또 새롭게 버티고 무너지고 반복인 것 같아요. 그래도 5달 반 버텨내시고 오늘이 온 거니까요! 이제 몸은 더 살피시고 고장 난 곳 살살 달래가며 남은 시간 버티셔야 해요.

Re... 지야

정말 공감 가요. ㅠㅠ '벌써'와 '아직'의 시차 부적응 속에서 지내는 것만 같은 정말 오롯이 내 시간에 집중해서 저는 저대로 발전할 거고 안사람도 안사람 나름 노력해서 전보다는 나은 사람이 되어 다시 만나는 것에 기대해봅니다.

> **Re... sweetsorrow**
>
> 지야 님께는 환상의 주문이 있잖아요(캐릭터 이름을 까먹음 ㅎ). 지야 님이 앞으로 살아가면서 더 단단하게 버텨낼 힘을 키우는 극한 훈련 중일 거예요. 지야 님 밝은 기운이 반드시 더 밝은 빛을 비추는 길로 인도할 테니 잘 이겨내시길!

Re... 희망가득

어찌 제 마음에 쏙 들어왔다 가셨나 봐요. 안사람 때문에 마르지 않는 눈물~ 시간이 어여 가기를 바랄 뿐이에요. 좋은 글 감사해요.

> **Re... sweetsorrow**
>
> 시간이 참 무심한 것 같아요. 그래도 무심해도 변덕은 없으니까요. 그 우직함을 믿어보아요 우리.

Re... 유비

모두의 마음을 대변하시는 것 같아요~ 같이 힘내고 버티어내야죠~ 감사합니다.

> **Re... sweetsorrow**
> 힘이 안 나도 그저 숨을 쉬고 어떻게든 넘어가며 살면 그래도 감사한 일일 거예요. 이 삶은 실질적 기간과 상관없이 누구에게나 무조건 마라톤과 같은 고통이니까요.

> **Re... 희망가득**
> 아… 요즘 진짜 제 마음이네요. 보고 눈물 왈칵했습니다.

> **Re... sweetsorrow**
> 아이고… 여기 다들 건드리면 톡 하고 눈물 폭발 직전으로 살아가는 아슬아슬한 날들을 보내고 있어서 더 그럴 거예요. 그런 날들이 켜켜이 쌓여가고 있다 보니 가끔 눈물로 털어내고 조금은 개운하게 다시 하루를 살아보도록 해요 우리.

4.
기적 같은
하루

언제부터였을까
하루를 마무리하고 잠자리에 들 때면
'아 오늘 하루는 정말 기적 같았구나' 하며 안도했다.
나도, 내 가족도, 내 친구들도 아프지 않고, 별다른 사고도 없고
그저 눈 뜨고 일어나 씻고 먹고 각자의 하루를 살다
온 가족이 각자의 방으로 들어가 잠자리에 드는 날이면
기적 같은 그 하루에 감사했다.

언제부터였을까.
나는 그 기적을 잊고 살았다.
너무 당연해서.
거듭되는 기적은 더 이상 기적이 아니었으므로.

그래서였을까
얼마나 기적 같은 하루들을 살아왔는지
호되게 깨닫는 일이 기어이 터졌다.

그날 이후

나는 기적 같은 하루를 누릴 수 없게 되었다.

내 인생의 대부분을 기적 같은 하루를 살아왔건만
지금의 내겐 너무 낯설기만 한 그때의 기적 같은 하루들.

이제는 기적이 떠나버린 하루들을 살고 있다.
기적 같은 날들이 오기나 할까 싶은 하루들을 살고 있다.

그러다 문득

사실은 어쩌면 지금도
기적 같은 하루가 아닐까.
내가 또 놓쳐버리고 있는 게 아닐까.

비록
많은 게 달라졌고
고통을 기본값으로 갖게 된 하루지만

그래도 살아 있고
만날 날에 대한 희망을 품을 수 있고
함께해온 시간에 대한 끈끈함을 느낄 수 있고
어떻게든 살아내고 있는
그가 있고
내가 있고

내가 사랑하는, 지켜야 하는 사람이 있고
나를 사랑하고, 지켜주려는 사람이 있고
한 번쯤 나를 위해 조용히 기도해주는 누군가가 있고.

어쩌면
지금까지 내가 누린 것보다 더 크고 놀라운 기적이
매일매일 일어나고 있는 게 아닐까.

삶은 누구에게나 고통이기에
한 꺼풀 벗겨보면
다 나름의 아픔과 고통으로 몸부림치고 있기에.

그래도 어떻게든 버텨내고,
아니, 내가 버텨냈다는 것조차 느낄 수 없을 정도로
지나가버린 하루라면
그래도 꽤 괜찮은 하루일 거라고
제법 기적 같은 하루일 거라고.

오늘이
나에게도, 그에게도,
퍽퍽한 삶을 살아내야 하는 우리 모두에게도
기적 같은 하루일 거라고…

💬 오크나무 카페 댓글

Re ... 한마음

대박~ 오랜만에 느껴보는 감동~♡ 쩐다. 지린다. 오진다. ㅋㅋ 와~ 나도 스윗 님처럼 쓸 수 있음 우리 영감탱 좋아하실 텐데. 저는 안사람에게 손편지도 좋은 글귀도 써 주지도 않고 있어요. 감정 무뎌져서요. ㅎㅎ 글 여러 번 읽다가 잠들어야겠어요. 스윗 님 짱~

> **Re ... sweetsorrow**
> 언제 봐도 한마음 님의 리액션은 사람을 기분 좋게 해주는 것 같아요. 한마음 님이 건강하게 잘 지내는 게 안사람에게 최고의 선물이죠!

Re ... 하늘

심금을 울리시네요. 다시 한번 정신 바짝 차리고 마음 정비 들어갑니다.

> **Re ... sweetsorrow**
> 매일이 무너지고 매일이 다시 기운 차리고 이런 반복인 것 같아요. 하늘 님도 정비 잘하시고 오늘 하루도 가붓하게 보내시길 바라요.

Re ... 베리

언제부턴가 매일을 기도하는 마음으로 살아가고 있고, 희망이 있기에 또 힘겨운 나날들을 견뎌내고 있는 것 같아요. 나에게는 언제 기적이 찾아오려는지~ 여기 오는 사람들 대부분이 기적을 바라며 살아가고 있는지도 모르겠습니다. 스윗 님의 감동적인 글에 오늘도 위안받고 가네요.

> **Re ... sweetsorrow**
> 베리 님께도 저에게도 여기 계신 모든 분께도 기적은 매일같이 찾아오고 있을지도 모르겠어요. 희망을 품을 수 있는 것만으로도 감사한 일일 거예요. 그걸 늘 마음으로 느끼는 일이 쉽진 않지만요. 무너지고 일어나고 또 무너지고 일어나며 오늘도 살아냈으니 베리 님의 삶에도 기적 같은 일이 한걸음 더 가까이 오고 있을 거예요.

> **Re... 내 마음**
> 스윗 님의 글처럼 일상이 기적인 것을 감사함 없이 살다가 안사람 일로 그동안의 일상이 기적이고 은혜였던 것을 절실히 느끼는 요즘입니다. 당연한 것 하나 없이 모든 것이 은혜였다는 어떤 찬양을 들으며 오늘도 견디고 있네요. 스윗 님의 위로와 마음 글 다시 읽게 되어 기쁘고 감사해요~
>
>> **Re... sweetsorrow**
>> '은혜'라는 찬양 속 말씀이 참 감사히 와닿네요. 님도 저도 당연한 것을 당연하다 여기지 않고 충만한 은혜로 감사히 여길 수 있는 지혜로운 사람이 되어가는 하루이길 바라요.

5.
바보짓의 연속

옥바라지를 해오면서
늘 주문처럼 내 자신에게 해온 말,
'정신 바짝 차리자!'

그러나 주문도 길어지니 효력이 없는 걸까요?
요즘은 정말 멍청하고 바보 같은 짓만 계속하고 다니네요.

평소에 좀 차분하고 꼼꼼한 편이라
물건을 잃어버린다거나, 약속을 까먹는다거나, 공과금 날짜를 놓친다거나
그런 일은 거의 있을 수 없이 살아왔는데.

어제는 공병을 버린다는 게 새 화장품을 버리고
오늘은 추석에 날짜 맞추어 특별한 편지를 보내는데 카드 결제 완료까지 하고 마지막 완료 버튼 안 누르는 바람에 시간 안에 발송도 못 하고.
뒤늦게 알았지만 이미 4시가 넘어 추석 특집 편지는
결국 추석 이후 받게 만들고….
매일매일 바보짓의 연속입니다.

정돈되고 정리된 삶이 무너졌지만
그래도 정신줄 잘 붙잡고 할 일들을 잘 해오려 노력하고 있다고 생각했는데
어디선가 새고 있나 봅니다.
그만 좀 새자
눈물도 마음도 생활도. 그리고 돈도. ^^;

💬 오크나무 카페 댓글

Re ... 개표소
그럴 수 있는 건데 그 완료되는 마지막 버튼 저도 그런 적 있어요. 하필 이럴 때 그래서 더 속상하신 거죠. 에구, 그래도 힘내세요. 모든 게 다 완벽한 것도 뭐 그렇게 인간적이지 않아요. 아주 인간적이십니다.

> **Re ... sweetsorrow**
> 그냥 노화인가 봐요. 장 보러 가서도 하나 사면, 하나 까먹고 오고….

Re ... 하이신스
너무 신경 쓰지 마세요. 전 아기 소아과 데려간다고 유모차만 들고 나와서 끌고 가다가 아차! 하고 집에 들어가서 아기 태워서 나온 적도 있어요.

> **Re ... sweetsorrow**
> 어머! ㅎㅎㅎ 재미있는 위로 감사해요.

Re ... 한마음
우왕~ 스윗 님 평소에 제 모습이네요. 전 오히려 차분해졌어요. 게을러져 가다 보니 이런 점도 좋군요.

> **Re ... sweetsorrow**
> 한마음 님은 넘치는 에너지가 매력이지만, 좀 쉬엄쉬엄 사시는 것도 좋으실 것 같아요.

Re ... 별별
저도 평소에 꼼꼼하고 처리해야 하는 일들이 있으면 칼같이 해야 하는 성격인데 이번에 안사람 이송 가고, 때맞춰 아들 아프고 온 가족 확진자와 동선 겹쳐 코로나 검사 받고 정신없어 잠시 멘붕 상태로 놓친 것들이 많았어요. 다시 정신줄 붙잡으려 노력 중이라 너무 이해가 갑니다. 저희도 사람이라 그럴 수 있어요.

> **Re ... sweetsorrow**
> 그러게요. 안 놓치고 잘 챙기고 산다고 살았는데 그것도 지치는지 이렇게 어처구니없는 실수도 하네요.

> **Re ... 하늘**
> 실수라기엔 이젠 친구가 되어버린 건망증, 핸드폰으로 통화하면서 핸드폰 찾기, 세탁기 헹굼을 몇 번이나 하는 건지 건조기 물통 안 비워서 물방울 모드, 알림 뜨고 말하면 한도 끝도 없네요.

> **Re ... 별별**
> 저도 그래요. 핸드폰 손에 들고 핸드폰 찾는 일도 자주 있고, 한번은 핸드폰을 냉장고에 넣어놓고 찾은 적도 있어요. 마스크 쓰고 또 마스크 찾고, 아들이 저한테 치매 검사받아보라고 했을 정도예요.

> **Re ... sweetsorrow**
> 그니까요. 정신줄 꽉 잡고 있다고 생각했는데 여기저기 허술하네요.

오크나무 카페 이야기

대니얼 고틀립의 『샘에게 보내는 편지』

성탄절 특별가석방을 앞두고 오크나무에 감사 인사를 하는 글이 많이 올라왔습니다. 참 반가운 소식입니다.

1년, 2년 혹은 더 긴 기간 동안 오크나무에서 함께 웃어주고 울어주던 사람들이 있어서 버틸 수 있었다고 합니다.

문득 전에 읽었던 대니얼 고틀립의 『샘에게 보내는 편지』[2]라는 책에 나온 한 구절의 글이 떠올랐습니다.

> 내가 어두운 터널에 있을 때.
> 나는 나를 사랑하는 사람과
> 함께 있고 싶다.
>
> 터널 밖에서 어서 나오라고

---

2 대니얼 고틀립, 『샘에게 보내는 편지』, 문학동네, 2020, 205쪽

외치는 사람이 아니라,
기꺼이 내 곁에 다가와 나와 함께
어둠 속에 앉아 있어줄 사람
우리 모두에겐 그런 사람이 필요하다.

기꺼이 내 곁에 다가와 나와 함께 어둠 속에 앉아 있어줄 사람, 그 사람들이 오크나무에서 시간을 함께했던 친구들이 아니었나 생각합니다.

어둠 속에서 잠시라도 함께 앉아 울어줄 수 있는 사람들, 어둠 속에서 손을 꼭 잡고 함께 걸어가는 사람들, 서로가 서로에게 감사해야 할 사람들입니다.

오크나무

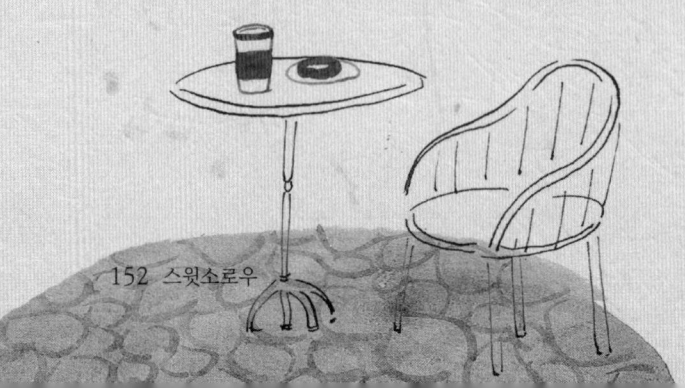

제 6 장
일상으로 돌아가다

1.
아름다운 이별:
마지막 인서, 마지막 접견

모든 만남엔 헤어짐이 뒤따르기 마련이지요.
우리가 이별이라 부르는 것들엔 대체로 아픔이 따라오기에 사실 '아름다운 이별'이란 말은 근사한 표현일 뿐 좀처럼 갖기 어려운 경험이 아닐까 합니다.
굳이 따지자면 이별이 오기 전에 있었던 수많은 좋은 추억들로 이별의 아픔, 슬픔을 위로한다고 해야 할까요?

그럼에도 불구하고,
가끔 정말 이별이 축복이 되고, 축하가 되는 아름다운 이별이 존재하지요.
그것이 바로 오크나무 숲을 떠나는 발걸음입니다.
이유가 어찌 됐든
이 숲을 떠나는 모든 이들에게
우리는 모두 수고했다고, 애썼다고, 잘 살라고
축복과 축하의 마음을 가득 담아 작별을 고합니다.

그리고 나 자신도 저렇게 가뿐한 발걸음으로 떠날 날이 오리라 믿으며 떠나는 뒷모습이 남아 있는 자들에게 희망이 되지요.

그래서 저는
오크나무의 이별이 늘 아름답게 여겨졌습니다.
때로, 함께 떠날 줄 알았다가 그렇지 못한 사람들의 마음이
눈에 밟히기도 했지만
그래도 우리 모두 '언젠가', '반드시'
누군가에게 손을 흔들며 떠날 수 있으리라 믿기에
나에게 흔들어주는 손길이 고마웠고
나의 미래에 바치는 인사처럼 축복 또 축복하게 되었습니다.

그리고 마침내…
저 역시 이제 이틀 후면 이곳을 떠날 수 있게 되었습니다.
300여 일의 시간
1,238통의 인터넷 서신과 손편지.
이제 오늘로 졸업합니다.

이곳의 많은 사람처럼 여러분들의 위로와 격려로 이 시간을 잘 버틸 수 있었습니다.
내적 친분을 쌓은 수많은 닉네임들이 떠오릅니다.
수상소감 같을까 봐 여기에 적는 건 생략하지만, 정말로 다 기억하고 있어요. 많이 감사해요.

그리고 저에게 처음 약속한 대로 하루도 빠지지 않고 편지를 써주며 자신의 죗값을 겸허하게 치러낸 제 안사람에게도 감사의 마음을 전합니다. (애초에 이런 일이 없었어야 더 좋았겠지만!)

저에게도 아름다운 이별의 기회가 주어짐에 다시 한번 감사합니다.
30일, 손님으로 다시 찾아올게요.

> 💬 **오크나무 카페 댓글**

Re... 하늘님

드디어 스윗 님도 손님이 되시는군요. 하아 빠빠이네요. 고생하셨고요. 예쁜 길 걸으세요. 애쓰셨어요.

> **Re... sweetsorrow**
>
> 하늘 님 글을 보면 항상 삶과 안사람에 대한 애정이 느껴져서 좋았던 기억이 많아요. 예쁜 길 마련해주셔서 감사해요.^^

Re... 호프

스윗 님~ 같이 졸업하네요. 울 안사람 허가 소식보다 스윗 님 졸업 소식이 더 울컥해요. 혼자 내적 친분 엄청나게 쌓은지라 전 스윗님과 같은 소였을 때 카페 활동이 젤 활발했던 거 같아요. 진심 너무 기뻐요~ ㅎㅎ

> **Re... sweetsorrow**
>
> 호프 님! 졸업 동기리니 기쁨이 배가 되네요! 기뻐해주시니 지도 너무 감사하구요. 비록 전학 가셨지만 한 번 동기면 맘속 계속 동기라서 내적 친분을 계속 쌓게 되더라고요. 저도 해외 출장을 기점으로 활동이 좀 뜸해지긴 했지만 그래도 기댈 언덕으로 이곳이 항상 있어주었던 것 같아요. 호프 님도 저도 졸업을 서로 기뻐할 수 있어서 정말 좋네요! 오 예~

Re... 마징가

그동안 맘고생 많으셨어요…. 앞으로는 꽃길만 있길 바랍니다.

> **Re... sweetsorrow**
>
> 인생에 항상 꽃길만 있을 순 없겠지만, 그래도 한결 더 단단해진 마음으로 험한 길도 묵묵히 잘 걸어나가는 시간으로 삼겠습니다. 따뜻한 축복의 말씀 감사합니다. ^^ 마징가 님도 누구보다 잘 살아내시면서 희망이 되어주시리라 믿어요.

Re... 이슬비

300일 그간 정말 많은 고생과 힘든 싸움 잘 이겨내신 가장 큰 보상이네요. 앞으로 정말 정말 행복한 꽃길만 걷게 되길 바랍니다. ^^

> **Re… sweetsorrow**
> 감사합니다. 지난 300일보다 앞으로의 3000일에서 이 시간의 고통을 발판삼아 단단하고 소중한 꽃길을 걷고 싶습니다. 축복의 말씀 감사해요. 이슬비 님도 이미 잘 해내고 계신 것처럼 앞으로의 삶 잘 헤쳐나가시길 응원합니다. 고맙습니다. ^^

> **Re… 법무법인 청**
> 진심으로 축하드립니다!

> **Re… sweetsorrow**
> 형사 사건의 변호가 쉬운 일이 아닐 텐데도, 법의 테두리 안에서 의뢰인의 입장을 위해 애써주시고 이렇게 축하 글도 남겨주셔서 감사합니다. 앞으로도 법의 공정한 적용을 위해 힘써주시며 번창하시길 기원합니다.

> **Re… ANN**
> 앞, 뒤, 옆 가는 곳마다 선한 일들만 가득하세요.

> **Re… sweetsorrow**
> 에너자이저 앤 님! 유용한 정보, 안사람에 대한 믿음, 재치 있는 상황 돌파로 언제나 게시판의 활력소가 되어주시는 앤 님! 앤 님이 주신 선한 일의 기운 받아 그 기운 넘쳐나도록 잘 살게요. 축복의 말씀 감사해요. ^^

2.
기다리면 오는, 반드시 오는 날

기다리면 오는, 반드시 오는 날.
그날이 오늘이었네요.
10개월이 어찌 지나갔는지….
여럿이 줄 맞춰 오는데도 제 식구만 좀처럼 눈에 들어오죠.

더 감사하세도
발찌 안 차고 나왔습니다.
이번에 나오신 분들은
발찌 안 차신 분들이 꽤 있었다고 해요.
이제 발걸음도 가볍게
두 손 꼭 잡고
기나긴 인생길
단단한 마음으로
꽃길을 만들어가겠습니다.

항상 많은 위로와 격려
따뜻한 마음 나눠주신 모든 분께
다시 한번 감사 말씀드립니다.

이 글을 보시는 분들 마음속에
부러움보다는
머지않은 미래의 내 모습이리라는
확신과 희망이 되길
기도합니다.

지금까지도 잘 해오셨고,
조금 지쳐도 당연한 거고,
감정의 롤러코스터를 타다 타다 무감해질 지경이 될지라도.

각자의 자리에서 많은 몫을 해내고 있는
우리 자신을 서로 응원해요.

막막했던 시간
기꺼이 그늘이 되어주신
오크나무 모든 분께
감사드립니다.

잘 살아내겠습니다.
고맙습니다.

> 💬 **오크나무 카페 댓글**

Re... 널사랑

그동안 좋은 글로 많은 분을 위로해주셨는데 이제 행복한 시간만 되시길~ 그동안 맘고생 많이 하셨어요. 행복하세요~

> ### Re... sweetsorrow
> 일단 오늘은 보호관찰소 서류 작성 끝나면 정말 더 맘껏 행복하려고요. 행복 빌어주셔서 감사해요. 오늘 '널사랑' 님이 저를 위해 빌어주신 행복이 백만 배 더 큰 복으로 '널사랑' 님께 돌아가리라 믿어요.

Re... 개표소

와~ 가석방도 좋은데 온전히 자유인 된 거네요. 스윗 님 정말 다행이에요. 진심으로 축하드립니다.

> ### Re... sweetsorrow
> 아직 그래도 형기가 종료된 건 아니니 매사에 더 조심하려고요. 축하해주셔서 감사해요. 개표소 님의 진심이 느껴져서 제 마음도 더 울컥하네요. 개표소 님께도 꼭 다가올 날이라 믿어요.

Re... 엔드

축하합니다. 부러움보다는 확신과 희망이 되길 바란다는 말씀 많은 위안이 됩니다. 두 분께 좋은 날들이 펼쳐지길 바랍니다.

> ### Re... sweetsorrow
> 재판 중에 있으셔서 더 지치고 힘든 시간을 보내고 계시겠지만, 엔드 님의 고생이 엔드가 되는 날이 오늘도 오고 있으니 건강하게 잘 버텨내셔서 이 시간 동안 못 누린 일상의 기쁨, 감사를 백만 배 편하게 누릴 날들을 맞이하시길 바라요.

Re... 우산

너무 잘 됐어요. 앞으로 그저 행복한 순간순간 누리세요. 저는 지금도 계속 남편에게 당신이 옆에 있어서 너무 좋다고 노래를 불러요. 건강하시고 늘 행복하시길 바랄게요.

> **Re... sweetsorrow**
> 우산 님이 좋은 기운 완전 팍팍 다 주고 가신 덕이에요! 진짜 보니까 너무 좋아요!

> **Re... 바닐라**
> 너무 축하드려요.^^ 글 읽는데 저는 눈물이 나네요. 앞으로도 건강하시고, 행복 가득하시길 바랍니다.

> **Re... sweetsorrow**
> 시간이 그래도 꼭 흐르니까요. 힘이 안 나는 날에도 시간은 흐르니 너무 애쓰지 마시고 잘 흘려보내시며 건강하게 좋은 날을 맞이하시는 바닐라 님이 되시기를 믿고 응원할게요.

> **Re... 공간**
> 너무너무 축하드려요. 정말 부러움보다는 두 분 꽃길만 걸으시길 기도드릴게요. 스윗 님의 멋진 글귀들 보고 많이 위로받습니다. 함께하는 모든 순간 행복하세요.

> **Re... sweetsorrow**
> 부족한 글이지만 우리 모두 맘이 가시덩굴에 내동댕이쳐진 날들을 살고 있어, 서로 마음을 나눌 수 있었던 것 같아요. 공간 님의 귀여운 닉네임처럼 귀엽고 예쁜 하루 맘 편히 누릴 날이 올 테니 오늘도 잘 버텨내세요.

> **Re... 희망가득**
> 드디어~ 만나셨군요. ^^ 축하드려요. 스윗 님 글이 그리울 거예요. 행복만 가득가득하세요. ♥

> **Re... sweetsorrow**
> 만나면 어색할까 걱정도 했는데, 언제 다녀왔나 싶더라고요. 희망가득 님도 희망도 행복도 가득하게 다 희망가득 님의 몫으로 딱 버티고 있으니 조금만 기다리셨다가 다 챙겨가셔요. ^^

3.
그새 '벌써'가 익숙해진…
'끝'이 있는 기다림

하루에도 몇 번씩 들락날락
댓글 하나 못 다는 날이 있더라도 눈팅은 거르지 않으며
내적 친분을 쌓아가며
맘으로 위로받고 위로하며
그렇게 기대어 버텨온 오크나무의 그늘을 떠난 지 두 달이 훌쩍 지나
석 달을 향해 기고 있네요.

두 달… 이렇게 평범한 일상에선 기억도 안 날 만큼 짧은 시간인데
오크에 머무는 동안의 두 달은 하루하루가 아픔이고, 하루하루가 눈물이고, 하루하루가 무뎌짐을 연습하는 나날들이었지요.

'아직'과 '벌써'의 경계에서 서성이며
너무나도 달라진 일상에 적응을 해도 해도 아프기만 하던 그 시간을 벗어나니 마치 거짓말처럼
저는 그새 '벌써'가 '아직'보다 훨씬 익숙해진 그런 날을 자연스럽게 보내고 있습니다.

참 간사한 게 인간이다 싶으면서도

참으로 감사하기도 합니다.
제가 그 시간을 지나왔다고 해서
지금 이 시간을 겪어내시는 마음을 다 안다고, 그 고통을 다 이해한다고 감히 말할 수 없습니다.
각자의 사연만큼 각자의 삶의 무게로 다 나름의 고통과 힘듦이 있으니까요.

다만,
그래도 정말 이 기다림을 버텨내는 사람들에게 확실한 건
'끝'이 있다는 것입니다.
안사람과의 인연 여부와 상관없이
적극적인 끝냄이 필요하건
인내의 결실로 오는 끝이건
분명히 끝이 있는 터널을 지나고 있다는 것입니다.
터널은 뚫려야 터널이지 막히면 더 이상 터널이 아니잖아요.

그 터널의 끝을 바라보다가도
또 다른 새로운 터널이 있을까 두려워한 적도 있습니다.
인생은 늘 불확실하니까요.
어쩌면
저 역시 아직은 너무도 섣부른 판단의 시간일 수 있기에 감히 결론은 지을 수 없지만
그래도 역시 확실한 것은
그토록 그리워하던 소소한 일상으로

밥 먹고 웃고 토라지고 눈 흘기고 다시 웃고
그런 일상이
적어도 오크에서 나 홀로 웃고 울며 헛헛함을 추스르던 그날들보다는
훨씬 더 따스한 하루가
터널의 끝에 있다는 점입니다.

힘을 내라 말하지 않겠습니다.
괜찮다 말하지 않겠습니다.
하지만
오늘을 버텨낸 당신에게
당신이 그리워한 그 소소한 하루가
하루만큼 더 다가오고 있음을
당신도 알고 있는 얘기지만
그래도 한 번 더 말씀드려보고 싶습니다.

그리고 그렇게 다가온 소소한 하루는
생각보다 훨씬 더 감사하고, 따뜻하고, 꽉 차서
지나간 시간이 정말 신기할 정도로 생각이 안 나기도 합니다.
살다 보면 또 달라질 수도 있겠지만
적어도 그런 기쁨을 누리는 순간은 반드시 있다고 말씀드리고 싶습니다.

저에게 늘 위로가 되어준 오크나무에
저의 작은 이야기가 그래도 조금은 위로가 되길 바라며
추운 겨울, 밖에서도 안에서도 너무 춥지 않길 바라며 모자란 글 올립니다.

💬 오크나무 카페 댓글

Re... 셋맘
'아직'과 '벌써'의 경계선에 서성이며 있는 제게 너무나 공감이 되고 위로가 됩니다. 잘 지내시죠? 좋은 글 감사합니다.

> **Re... sweetsorrow**
> 별다른 일 없이 잘 지낸다는 답을 맘 편히 할 수 있는 그날을 향해 오늘도 버티신 셋맘 님, 어쩌면 오늘 하루도 안사람도 아이들도 다 각자의 자리에서 잘 지나왔으니 우리 다 잘 지내고 있다고 서로 안부 전해요.

Re... 곧나옴
여전히 좋은 글, 스윗 님 오랜만이에요.

> **Re... sweetsorrow**
> 손님이 되어 여길 오니 오히려 마음이 더 아려서 자주 들여다보기가 힘들더라고요. 저에게도 아직 더 탄탄해질 시간이 필요한 것 같아요. 마음으로 같이 나눠주셔서 감사해요.

Re... 산들바람
너무 공감 가는 글이에요. 아직이라고 생각하면 기운이 빠지지만 벌써라고 생각하면 다시 재회하는 그날을 기다리며 기운이 솟네요. 좋은 글 감사합니다!

> **Re... sweetsorrow**
> 하루에도 몇 번씩 아직과 벌써를 오락가락하며 지내곤 했지만, 어쩌면 지금뿐만 아니라 우리가 사는 내내 그렇게 반복하며 무너지고 다시 마음 다지고 그렇게 살아가는 게 아닐까요? 산들바람 님 닉네임처럼 척박한 삶 속에 산들바람 부는 날 꼭 올 테니 묵묵히 기다려보아요.

Re... 모카

내 마음속 작가 스윗 님, 글이 너무 그리운 하루하루를 보내고 있습니다. 기결되고도 불안했는데 불안함은 배신을 안 하네요. 추가 건으로 또 재판을 해야 해서요. 오랜만에 스윗 님 글 읽고 위로받습니다. 날마다 스스로를 토닥이며 힘내고 있어요. 스윗 님 건강하시고 행복한 나날을 보내시길 바랍니다.

> #### Re... sweetsorrow
> 모카 님 불안함이 참 얄궂기도 하지요. 하나의 언덕을 넘고 나니 또 하나의 산을 만나 아득하게만 느껴질지라도, 그래도 걸어가다 보면 어느덧 환한 평지에 편안히 걷고 있는 모카 님을 만나게 되시리라 믿어요. 꼭 건강하시고, 아주 짧은 순간이라도 꼭 웃고 지나가는 일이 하나라도 있는 그런 날들이 되길 소망합니다.

Re... 사랑앓이

스윗 님 반가워요. 내일모레 하나의 터널 끝에서 빠져나올 예정입니다. 하지만 또 다른 터널이 시작될 것 같아 두려운 마음인데 글이 너무 와닿네요.

> #### Re... sweetsorrow
> 끝이 보인다고 해서 두렵지 않을 순 없지만, 그래도 뚫린 길로 나아간다는 걸 알면 조금은 마음이 놓이는 것 같아요. 무엇보다 건강 잃지 마시고, 뚜벅뚜벅 잘 걸어가시리라 믿고 응원합니다.

Re... 지야

스윗 님 말씀 너무 와닿아요. 제 인생에 이만큼 힘든 날은 더 이상 없을 거야 하며 힘을 내다가도 또 어느 날은 또 다른 터널이 있을까 가끔은 두렵기도 하고 ㅠㅠ 그래도 지금 있는 이 터널이 언젠가는 끝이 있을 거라는 희망으로 하루하루 힘내는 거 같아요. 저도 언젠가는 '아직'보다 '벌써'에 익숙해져 지내는 날이 오겠죠?

> **Re... sweetsorrow**
>
> 지야 님이 주는 좋은 에너지만으로도 지야 님이 얼마나 삶을 잘 꾸려오고 계신지 느껴진답니다. 삶은 누구도 예측할 수 없기에 불안할 수밖에 없지만, 어차피 모르는 거 불안해한들 오늘 내 마음에 지옥불만 더할 뿐이니 지야 님식 주문 외우시며 오늘도 잘 보낸 지야 님 하루를 칭찬하고 내일을 맞이해보아요. ^^

Re... 소중함

스윗소로우 님, 안녕하세요. 기억하실지 모르겠습니다. 정말 유령처럼 흔적을 남기고 싶지 않지만 저도 오늘 나름의 뜻깊은 결단이 선 날이라, 오랜만에 오크를 들어왔다가 스윗 님 최근 글들을 보고, 정말 기쁜 소식에 저도 내적 친밀감과 함께 진심으로 축하드리고 기쁨의 눈물이 나오면서 글 한번 남기고 싶었어요. 작년 이맘때가 떠오릅니다. 저는 손님으로 바뀌고 오크에 오지 않은 지 반년이 되었는데 현실에선 사실 여전히 울면서 그 사람을 걱정하며 지냈습니다. 하지만 이제는, 오늘은, 이제야, 진정으로 결심이 서더군요. 개인적인 어떤 변화로 인하여 저는 여전히 안사람을 깊이 사랑하지만 제 안사람의 경우 나오고 나서도, 스스로가 한 일로 인하여 기가 막히도록 막막해합니다. 사랑만 갖고 행복하게 살고 싶다고 하염없이 울다가도, 현실을 생각하면 그리고 다른 누구보다 저 스스로를 지켜내려면, 이제 냉정하게 바라보고, 진정으로 마음의 이별을 온전히 해야 한다는 걸 알아서요.

주절주절 말이 길었습니다. 단지 스윗 님께 감사하단 말씀 전하고 싶었어요. 뵌 적도 없고 아마 언젠가 마주쳐도 모를 그런 인연이지만, 정말 앞날을 축복드리고 싶습니다. 제가 정말 하루하루 숨쉬기도 힘들 만큼 아플 때, 스윗소로우 님의 글들이 힘이 되었고 저와 댓글 나누었던 그 말씀들도 저에겐 마치 절친하고 마음으로 믿는 사람에게 조언을 듣는 것처럼, 가장 제가 절박한 가운데 온전히 정신을 유지하고 살아나가는 데에 도움이 되었었어요. 스윗소로우 님, 행복하세요. 반드시 행복하실 거예요.

> **Re... sweetsorrow**
>
> 소중함 님! 너무너무 기억하지요. 가끔 생각이 날 때면 마음으로 어디서든 잘 지내고 계시리라 믿고 기도했습니다. 어쩌면 여기서 안 뵙는 게 더 좋은 소식이겠거니 하면서 말이에요. (무소식이 희소식이라 믿으면서요.) 그리고, 오늘 또 한 발자국 나아가는 용기를 내신 소중함 님 소식에 진심으로 기쁘고 감사합니다.
>
> 마음의 중심이 단단하고, 주변에 사랑으로 소중함 님을 지지하는 분들이 있음을 충분히 알고 계시기에 분명 잘 이겨낼 것을 믿었습니다. 모든 일이 지나고 나면 다 별거 아니라 해도, 우리는 늘 그 지나가는 중을 살기에 아프고 힘들고 멍하고 바보 같고 그렇게 하루하루를 보내게 되는 것 같습니다.
>
> 오늘 이런 마음의 결심을 하기까지 시간, 소중함 님이 스스로 마음으로 온전히 받아들이기까지 필요한 시간이었기에 역시 귀하고 소중한 시간이라 믿습니다. 그리고 아마도 오늘의 이 마음이 내일의 소중함 님을 더 따스하게 잘했다 보듬는 격려의 시간이 되리라 믿고요.
>
> 너덜너덜해진 마음으로도 사람들에게 가시를 세우는 것이 아닌 그 찢어진 마음 틈으로 스며드는 따스함을 받아낸 소중함 님의 마음 밭, 얼마나 귀한지요. 바로 그 마음 밭에 하나하나 쌓아둔 이 쓰디쓴 거름들이 앞으로 더 풍성한 열매와 화사한 꽃을 피우게 하리라 믿어요. 지금까지도 정말 정말 잘해오셨고, 이제 앞으로 더 잘 나아가리라 믿어요. 우리네 삶이 늘 행복할 수만은 없고, 아무리 큰 아픔을 겪었어도 새로운 아픔 앞엔 또 무너지는 날도 있을 수 있겠지만, 그래도 그때에도 또 이렇게 잘 추스르고 일어나며 감사한 마음으로 하루를 지내게 될 거예요. 저도 소중함 님도요. 귀한 글, 좋은 소식 남겨주셔서 정말 반갑고 너무 감사하고요. 소중함 님도 반드시 행복하실 거예요.

4.
소소한 일상이
사무쳤던 날들

연휴의 마지막 날,
오랜만에 오크에 들러 게시글들을 찬찬히 둘러봅니다.
굳이
떠올리고 싶지 않은 작년 이맘때의 기억일 거라 생각하며 조심스러웠는데
사람이란 참 신기하죠?
마치 내 인생에 없었던 날들인 양, 언제 내가 그렇게 힘들어했었는지 기억조차 나지 않습니다.
그토록 사무쳤던 소소한 하루들, 평범한 하루들을
이제 너무 자연스럽게 살아내고 있으니
그렇지 않았던 날들이 이렇게 빨리 희미해지나 봅니다.
어쩌면 너무 잊고 싶은 기억이라 내 무의식이 힘껏 밀어냈는지도 모르겠습니다.
제 남편은 사뭇 저와 다르긴 하겠지요.
그 좁은 방에서, 그 추운 바닥에서, 그 지루한 연휴를 보내던 그 사람에겐
작년 이맘때는 다시는 떠올리고 싶지 않은 시간이긴 하겠지요.

따지고 보면
그 암흑의 시간은 지금까지 살아오고, 앞으로 살아갈 시간에 비해선 짧은 시간이라
다 겪고 나니 이렇게 홀가분하게 덜어낼 수 있는지도 모르겠습니다.

이 글을 지금 읽고 계신 분들 중에
이제 막 그 길에 들어서 어찌할 바를 모르고 막막하기만 한 분들도 계실 거고,
그저 조금 익숙해졌다지만 불쑥불쑥 밀려오는 고단함과 외로움과 설움을 온몸으로 받아내며 오늘 하루를 버티시는 분들도 계실 거고,
기다림에 지쳐 선택의 기로에 서신 분들도 계실 것입니다.

때로는 어쩌면
그 시간을 다 지나간 저 같은 사람의 말이
위로가 되기보다는 자랑 아닌 자랑처럼 들리는 뾰족한 마음이 올라올 수도 있을 것입니다.

각자가 처한 상황이 다 다르기에 제가 겪었다고 해서 감히 다 안다고도, 이해한다고도 할 수 없습니다.
감히 위로나 격려를 드리기 위해 쓰는 글은 아닙니다.
그저 다만,
소소한 하루를 함께할 수 있어 감사한 마음이 드는 오늘,
이 하루가 없어서 못 견디게 힘들었던 그날들을 떠올리며
그래도 이런 하루가 정말로 온다는 걸 나누고 싶었습니다.

명절 음식 널브러지게 먹고 퍼질러 자고 있는 내 사람.
이렇게 옆에 두지 못해 마음 절절했던 그 시간이
상처도 추억도 아닌 마치 없었던 일처럼 느껴지는 오늘 하루.

이런 날이 아득하기만 했는데 이미 너무 잘 누리고 있는 저 같은 누군가가
곧 당신이 될 것입니다.

당신의 소소한 하루, 오늘을 버텨낸 당신에게 다가오고 있습니다.

저도 오늘 이 하루를 감사한 마음으로 잘 누리겠습니다.
우리 모두 몸도 마음도 건강하게 지금을 잘 보내보아요.

💬 오크나무 카페 댓글

Re... 모카

스윗 님의 조심스럽고 따뜻한 글이 그리웠습니다. 쪽지를 보낼까 하다가 아픈 기억을 떠올리게 하는 건 아닐까 하는 맘에 그냥 스윗 님의 예전 글들을 자꾸 읽었습니다. 오늘 스윗 님 글을 읽고 위로받아서 기분이 좋아요. 간혹 위로 글 부탁드려요. ^^ 복 많이 받으시고 행복하세요.

> **Re... sweetsorrow**
>
> 모카 님~ 기분이 좋아지셨다니 저도 맘이 좋네요. 모카 님의 따뜻한 마음 덕에 저도 더욱 행복한 새해가 되었습니다. 부족한 글이지만 기꺼이 맘을 나눠주셔서 감사해요. 지금까지도 잘 해오셨고, 앞으로도 잘하실 것입니다. 모카 님의 존재 자체가 잘해온 증거임을 잊지 마세요.

Re... 좋은일만

처음으로 스윗 님 글을 읽었는데 지난 글까지 다 읽어나갔네요 제 마음에 평안을 주셔서 너무 감사합니다. 꿋꿋하게 기다리고 또 기다릴게요. 좋은 글 너무 감사합니다.

> **Re... sweetsorrow**
>
> 현실적으로도, 심리적으로도 평범하지도 만만치도 않은 날들, 맘껏 우는 것조차 눈치가 보이는 날들 그런 날들을 오늘도 잘 겪어내시면서 평범하고 소소한 하루에 더 가까이 다가가고 있음을 잊지 마셔요. 너무 애쓰지 마시고, 너무 힘내려 하지 마시고 좋은 일만 님의 맘을 잘 보듬고 달래면서 평안히 지나가는 하루가 되길 기도합니다.

Re... 베리

오랜만에 스윗 님의 글이 너무 반갑네요. 이젠 평범한 일상으로 돌아가서 소소한 행복을 누리고 계신다니 정말 부럽고 행복해 보여서 보기 좋네요. 앞으로도 늘 행복하시고 새해 복 많이 받으세요.~

> **Re... sweetsorrow**
> 베리 님이 누리게 될 날들을 제가 조금 먼저 겪으면서 이런 날들이 틀림없이 베리 님의 날이 된다는 걸 확인시켜 드린 것뿐이에요. 오늘 하루도, 힘든 명절도 잘 보내신 베리 님, 어쩌다 잘못 보낸 하루가 닥쳐도 원래 사는 게 그런 거니까 크게 개의치 마셔요. 언젠가 베리 님의 평범한 하루에 '아 그때 정말 생각 안 난다더니 정말 그렇구나!' 이렇게 공감하실 날이 오늘도 다가오고 있으니까요. 복 많이 받아요 우리.

> **Re... 개표소**
> 잘 지내고 계신 것 같아 마음이 좋네요. 잘 버티기에 들어간 시기라 매일매일 마음 다지며 지내고 있어요. 스윗 님 글에 또 힘 얻어서 갑니다. 감사해요~ ^^ 남편분과 새해 복 많이 받으세요. 덤으로 건강도….

> **Re... sweetsorrow**
> 마음을 다져도 자꾸 무너지고, 버티기에 들어가면 때론 더 초조하거나 조급해지기도 하는 게 사람인 것 같아요. 그래도 개표소 님께선 지혜롭게 잘 해내시리라 믿어요. 개표소 님도 개표소 님의 가족들도 (안사람 포함) 몸과 마음이 모두 건강하며 한 아름 복 받아 가시는 한 해가 되길 소망합니다.

> **Re... 억남**
> 스윗 님~ 평온하게 잘 지내시는 것 같아 너무 좋네요. 항상 행복하시길 기도드리겠습니다.

> **Re... sweetsorrow**
> 억남 님, 본인 기도만으로도 벅차실 텐데 저에게 이렇게 좋은 말 해주셔서 감사해요. 좋은 기운 잃지 마시고 꼭 잘 이겨내시길 기도드려요!

에필로그

　교도소에 수감된 가족을 돕고 기다린다는 것은 가족에게 있어 아프고 힘들기만 한 시간입니다. 하지만 이 힘겹고 힘든 시간도 누군가와 함께 보낸다면 결코 외롭지 않은 시간이 될 것입니다. 온라인 카페에서 남편, 자녀, 남자친구, 부모님의 옥바라지를 하며 서로가 용기를 북돋우며 마음을 나누어간다면 절망은 곧 희망의 꽃으로 변해갈 것입니다. 오크나무 숲에는 쉼이 있고 사랑이 있습니다. 이곳에서 누구나 잠시 쉬어갔으면 하는 바람입니다.

　스윗소로우 책을 마치며 출판에 동의해주신 스윗소로우 님, 댓글로 참여해주신 많은 오크나무 회원님들께 진심으로 감사드립니다. 그리고 재능기부로 삽화를 그려주신 공칠이 님께도 진심으로 감사드립니다. 또한, 책 제작에 도움을 주신 오크나무 카페 스탭, 징해 님, 밍귱 님, 별별 님, 까아아 님, Ann 님께도 감사드립니다. 인생을 가까이서 보면 비극, 멀리서 보면 희극이라 했던가요! 지나고 나면 다 괜찮아지는 일들일 텐데 지금 현실에 있어서는 아프고 힘든 시간일 것입니다.

　코로나 위기로 인해 두 배, 아니 열 배는 더 힘든 시간을 보내고 있을 수용자분들과 마음 애타 하는 가족분들에게 오크나무와 스윗소로우 님의 위로가 조금이라도 힘이 되었으면 하는 바람입니다.

오크나무 드림

추천사

교도소에 수감된 가족을 돕고 기다린다는 것은 가족에게 있어 어둡고 힘들기만 한 시간입니다. 하지만 이 힘겨운 길도 누군가와 함께 간다면 결코 외롭지 않은 길이 될 것입니다. 오크나무 카페에서 남편, 자녀, 남자친구, 부모님의 옥바라지를 하며 서로가 용기를 북돋우며 마음을 나누어 간다면 절망은 곧 희망의 꽃으로 변해갈 것입니다. 오크나무는 쉼이 있고 사랑이 있는 공간입니다. 이곳에서는 언제나 모두가 쉬어갔으면 하는 바람입니다.

법무법인 청 / 형사범죄연구소
주소 (06644) 서울특별시 서초구 서초중앙로 125, 로이어즈타워 1006호
전화 02-3487-6415 / 010-5234-6415

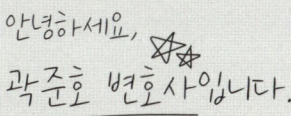

안녕하세요,
곽준호 변호사입니다.

저희 사무실을 찾아 주시는 분들은 대부분 본인 또는 가족이 형사재판을 받고 계실 것입니다. 형사재판을 받는 것은 본인의 인생에서 가장 힘든 순간이라는 사실을 잘 알고 있습니다. 이렇게 인생에서 가장 힘들고 어려운 순간에 저를 찾아주신 점 깊이 감사드립니다.

저 역시 찾아 주시는 분들 한 분 한 분 모두를 소중하게 생각하며, 여러분의 편에 서서 제가 가진 능력과 노하우를 총동원하여 최선을 다하겠습니다.

저는 변호사라는 직업을 참 좋아하고, 의뢰인을 위해 법정에서 열정을 다한 변론을 할 때 살아 있음을 느낍니다. 저로 하여금 제 평생의 직업인 변호사로서 일할 수 있도록 하는 것은 바로 저를 믿고 인생을 맡겨 주시는 의뢰인 분들이라고 생각합니다. 그러므로 어떤 사건에서든 한 치의 소홀함이 있을 수 없습니다. 형사 재판이라는 인생을 건 승부에 서신 의뢰인들과 함께 저 역시 인생을 걸고 최선을 다하겠습니다.

법무법인 청 형사 범죄연구소 곽준호 대표 변호사님께서는
오크나무 카페에서 회원들을 위한 무료 법률상담을 진행해주고 계십니다.

『형사사건에서 변호사의 역할이란 단지 한 사람의 죄를 변호하는 것이 아니라, 그 사람이 살아온 인생을 변호하는 것이라 생각합니다. 그러기 위해서 법무법인 청 변호사들은 의뢰인 한 분 한 분이 살아온 인생의 고뇌와 눈물을 들여다보기 위해 노력하고 있습니다. 의뢰인의 소망을 담아 진실하게 변호하겠습니다.』

법무법인 청 / 형사범죄연구소 대표변호사 **곽준호**

 법무법인 청 / 형사범죄연구소
주소 (06644) 서울특별시 서초구 서초중앙로 125, 로이어즈타워 1006호
전화 02-3487-6415 / 010-5234-6415